LOUIS PARIS

NOTES BIOGRAPHIQUES & GÉNÉALOGIQUES

REIMS

IMPRIMERIE COOPERATIVE (N. MONCE, DIR.)

24, rue Pluche, 24

M DCCC LXXXIX

LOUIS PARIS

NOTES BIOGRAPHIQUES & GÉNÉALOGIQUES

REIMS

IMPRIMERIE COOPÉRATIVE (N. MONCE, Dir.)

24, rue Pluche, 24

M DCCC LXXXIX

NOTE DE L'ÉDITEUR

*Les documents qui composent ce petit livre devaient servir d'*Appendice *à la remarquable notice de* M. Jadart *sur Louis Paris, lue dans la Séance publique annuelle de l'Académie de Reims, le 7 mai 1888.*

Mais, à raison de leur caractère tout à fait intime, la famille de M. Paris a pensé qu'ils n'étaient pas de nature à intéresser le public, et sur le désir qu'elle nous en a manifesté, nous n'avons tiré que cinquante exemplaires de cet opuscule qu'elle s'est entièrement réservés.

LOUIS PARIS

---

§ Ier

SA JEUNESSE. — VOYAGE EN RUSSIE.

(1827-1830)

Louis Paris perdit son père en 1824. Il n'avait pas encore vingt-deux ans. Entraîné par sa passion pour les livres et son désir de rejoindre son frère *Paulin*, dont les débuts remarqués dans les lettres attiraient sa généreuse émulation, il partit pour Paris. Les conseils d'une mère éclairée, dont la prévoyante tendresse appréhendait de le voir abandonné si jeune au milieu des écueils de la capitale, ne lui avaient pas fait défaut. Il entra bientôt en rapports avec MM. A. Tardieu et Boulland, libraires au Palais-Royal, qui se débarrassèrent, plutôt à leur profit qu'au sien, de leur librairie. Ce devait être un fardeau trop lourd pour sa jeunesse. Une telle entreprise ne demande pas seulement le goût, l'intelligence et les aptitudes littéraires dont il était abondamment pourvu, mais des connaissances commerciales dont il n'avait pas et n'a jamais eu, il faut bien le dire, la moindre idée. Ses débuts furent cependant pleins de promesses. Il avait été présenté à M. Lanjuinais qui l'avait accueilli avec faveur et l'avait choisi pour son éditeur; mais ses livres n'étaient pas de ceux qui font la fortune des libraires. Dans une lettre du 21 avril 1826, écrite à son frère aîné, Louis Paris rend compte de sa première entrevue avec l'ancien conseiller des États de Bretagne, alors pair de France.

« Depuis ma dernière lettre, dit-il, j'ai été présenté à M. Lanjuinais. C'est un petit vieillard plein de vivacité et d'esprit. Quand il parle, ou plutôt quand il commence une phrase, ses yeux se ferment pendant quelques secondes, puis tout à coup sa prunelle brille, ses traits s'animent; puis il parle, parle et parle sans discontinuer ni vous permettre même une interjection.

« Éminemment religieux, citant à tout moment la Bible, l'Évangile, les Saints Pères, il craint, déteste et combat sans pitié les Jésuites et le ministère. Du reste, il est intimement lié avec M. Duplessis-Grénedan, dont il a été le professeur, avec MM. Chateaubriand et Royer-Collard.

« Il a fait l'élévation des frères Beaudoin. C'est à lui-même que ceux-ci doivent leur prospérité, leur existence même. Aujourd'hui, M. le comte Lanjuinais n'est plus satisfait d'eux. Sur l'assurance qu'on lui a donnée de mes principes religieux et monarchiques constitutionnels, il m'a proposé d'être son éditeur si je voulais lui promettre du zèle, de l'activité, du dévouement et surtout *un cœur pur, droit et incorruptible !* J'ai cru pouvoir promettre, et dès ce moment, il m'a pris la main avec une satisfaction toute paternelle et m'a décoré du titre de son libraire.

« Son premier ouvrage à imprimer est une dissertation sur les véritables auteurs de l'*Imitation de Jésus-Christ;* il n'en est pas l'auteur, mais seulement le commentateur.

« Tu n'es pas sans connaître toute la haute influence dont jouit M. Lanjuinais; je ne parle pas du *Courrier*, du *Constitutionnel*, du *Mercure* qu'il dirige, mais, parmi les royalistes et les ultras proprement dits, il a des amis et un crédit illimité; aussi m'a-t-il promis tout ce qui peut contribuer littérairement au succès de mes entreprises. »

Ce succès ne devait pas répondre à ses espérances. Quelques années suffirent pour que les ressources modestes, mises à la disposition du jeune homme par la succession trop tôt ouverte de son père, fussent englouties, et, meurtri des revers qui l'avaient frappé, il revint auprès de sa mère tout découragé et aigri, non bien entendu contre son inexpérience, mais contre la ville de Paris où il avait cru qu'il n'y avait qu'à se montrer pour réussir. C'est dans cette disposition d'humeur qu'il quitta la capitale, en exhalant sa bile dans une épître dont nous détachons les rimes suivantes :

Paris, ville de bruit, de fange et de fumée,
Que par Jean-Jacques ainsi tu fus bien désignée :
C'est dans tes murs infects, que sont là confondus
Ces fripons décorés, ces hommes corrompus
Qui vivent de larcins, de honte et de scandale,
Affichent la débauche et prêchent la morale ;
C'est là que l'intrigant prépare ses complots,
Que le noble marquis afferme les tripots
D'où l'enfant égaré, que la soif d'or anime,
Jusque-là vertueux revient suant le crime ;
C'est là que l'hypocrite, armé du chapelet,
Met à prix l'oremus et médite un forfait.
....

De retour à Avenay, il y vécut dans la retraite et l'étude pendant quelques mois, avant de partir pour la Russie. Il raconte lui-même ce court passage de sa vie, dans des notes journalières malheureusement interrompues :

« Enfin, après avoir mis ordre à quelques petites affaires, je pris la voiture de Reims le 7 ou le 8, je ne me rappelle pas trop, et nous arrivâmes de nuit à six heures du matin ; je pris le coucou d'Épernay. Je me rappelle que le grand C.., se trouvait devant moi : il allait à Pierry consoler, me dit-on depuis, Mme L... devenue veuve qu'il devait épouser. La conversation entre nous fut très rare et sans intérêt. Je me fis descendre à Dizy et continuai ma route à pied. Il était onze heures environ lorsque je passai sous les promenades d'Ay. Je ne pus me défendre d'une impression très vive en me retrouvant en pareille circonstance sous ces arbres où, pendant les années 1822 et 1823, je m'étais si souvent promené avec J... dont le souvenir me fit encore soupirer. Je m'assis sur le banc où je me rappelais l'avoir souvent pressée contre mon cœur, je me transportais en imagination vers ces heureuses soirées que je n'ai perdues si vite que par ma faute et mes sottises. Il me semblait pour un moment être rendu aux plaisirs dont j'avais dit jadis en mauvaises rimes :

> Sous ces arbres touffus, nous nous réunissons ;
> Du joyeux flageolet, j'entends déjà les sons.

« Que les temps étaient changés ! Le ciel était toujours aussi pur, le paysage aussi frais, Ay presque aussi gai, quoique dépouillé du prestige enchanteur qui l'embellissait, lorsqu'il était le centre de toutes mes affections, le but de tous mes vœux et de tous mes pas ! Cependant, mon cœur se resserrait de plus en plus, et quelques larmes, que je sentis mouiller mes joues, me firent sortir de ma rêverie et continuer mon chemin vers Avenay dont je n'étais plus qu'à moins d'une lieue. Bientôt je découvris ses toits et de nouvelles émotions s'emparèrent de moi : j'allais revoir ma mère dont les conseils et les supplications avaient tant essayé de me détourner de mes projets de commerce : sa sollicitude avait prévu mes embarras, sans cependant jamais en deviner l'étendue ; qu'allait-elle me dire ? Comment recevrait-elle ce fils dont le sort était si malheureux et l'avenir si peu rassurant ?... Son accueil fut celui de la plus tendre des mères qui revoit un enfant égaré, mais non coupable : ses embrassements et ses consolations furent mêlés d'espérances et non de reproches ; mes frères et toute la famille cherchèrent à éloigner de mon souvenir les funestes caprices auxquels la fortune m'avait abandonné. Chacun à l'envi voulut m'avoir. Enfin, bientôt j'oubliai moi-même la misère de mon sort pour goûter les charmes de la campagne, de l'étude et du bonheur.

« La maison qu'habitait mon oncle, en communauté avec sa sœur, ma vieille tante Michelle, et dont il avait abandonné sa part de propriété à maman, sa seule héritière, est une habitation qui, par sa distribution, sent un peu son vieux. Comme toutes les anciennes maisons, elle était pavée, et pour aller de la cour de devant au corridor il fallait descendre une marche ; de la chambre à manger au salon, en monter une ; et du salon au jardin, en descendre trois. En somme, au moyen des cours, des places de dégagement et surtout du jardin qui y attenait, cette habitation était encore assez agréable, et je m'y trouvais, sinon magnifiquement casé, au moins avec toutes mes aises et les coudées franches, car mes frères étant tous mariés et établis dans leurs ménages respectifs, j'étais de la maison le seul homme et par conséquent le seul maître.

« Ce fut dans cette retraite que, durant plus de quatre mois, je goûtai la tranquillité la plus parfaite, le bonheur le plus pur et le seul repos d'imagination dont j'ai jamais joui jusqu'alors. Plus de tracas d'affaires, plus d'ennuyeux personnages, de faux amis : seul avec moi-même, retiré au sein d'une campagne dont j'enviai toujours la douceur, n'ayant d'autre société que celle de ma mère et de ma vieille tante, desquelles je n'entendais que de tendres paroles ; là, entouré de mes livres chéris, animé de mon goût pour l'étude et la solitude, tantôt je me renfermais des journées entières dans ma chambre, occupé d'études historiques ou de mon autodafé littéraire que je continuais ; tantôt m'égarant dans la campagne sous les saules ou les arbres des aulnes et des moulins, je me nourrissais d'un vague d'idées que la vue de la campagne et la diversité de mes lectures ne pouvaient qu'entretenir. Déjà j'aimais à m'isoler, à me perdre dans les bois qui dominaient et meublaient notre pittoresque campagne.

« Que de fois, assis sur la butte du Faÿ, butte qui couronne Avenay, le coude appuyé sur le genou, et la tête reposant sur la main, je me livrai à des songes enchanteurs, à des souvenirs délicieux, à une rêverie profonde. Là, me disais-je, j'ai vu s'écouler comme une heure les beaux jours de mon enfance ! Là-bas est ce clos paternel où j'égarai tant de fois mes pas, où mon bon père alla si souvent dissiper sa tête fatiguée des travaux et de l'ennui des affaires... D'ici, je vois les restes du monastère où jadis cinquante jeunes filles passaient leurs jours dans la retraite et la prière..... — Ici subsiste encore, mais sous des formes plus élégantes et plus modernes, la maison qui fut le vendangeoir de M. De Nesle et de M. Navarre. Là fut le berceau de la belle Navarre, l'aimable et coquette amie de Marmontel, la fine et malicieuse confidente de Grosley, la séduisante et trompeuse maîtresse de l'illustre maréchal de Saxe, enfin la sage et malheureuse épouse de Mirabeau, l'auteur de l'*Ami des hommes!* Ici, sur ces coteaux, vingt fois accompagnées d'une foule d'aimables étourdis, elle et ses folles amies vinrent effrayer les laborieux vignerons et braver leurs cris, et les menaces des gardes chargés de la surveillance des propriétés. — Voici l'endroit charmant où l'auteur des *Incas* vint méditer les touchantes descriptions de son joli roman ou les beaux vers de son *Épître aux poëtes*... — L'endroit où je me trouve vit cent fois le sage et vertueux Blanchard, l'auteur de l'*École des mœurs* : c'est ici qu'il conçut et exécuta cet excellent livre, aujourd'hui entre les mains de tous les jeunes gens élevés dans le sein de la religion catholique.....

« C'est ainsi qu'agité de mes propres souvenirs et de ceux que j'avais puisés dans les lectures, je jouissais du tableau charmant qui se déroulait sous mes yeux.

« Au mois de mars 1828, maman, par un grand extraordinaire, se décida à partir pour Paris et à tenir sur les fonts du baptême la petite fille de Paulin. Je restai en conséquence seul avec ma bonne vieille tante qui ne comptait déjà plus en l'embrassant revoir maman, quoique celle-ci lui promît bien de n'être pas plus d'un mois absente. Elle revint en effet au bout de ce temps et retrouva ma tante mieux portante qu'à son départ. Tout ceci se passait dans les mois de mars et d'avril. C'est quelque temps après son retour que je songeai moi-même à mon départ. Cette bonne mère, lorsque nous en fûmes là, me remit six cents francs, pris sur ses épargnes, pour mes frais de route et m'engagea à hâter mon retour près d'elle par un travail soutenu et une conduite sans reproches, seuls moyens, me dit-elle, d'arriver à quelque chose et de réparer les torts de la fortune ou plutôt de mon inexpérience passée..... — J'avais été longtemps incertain sur le parti que je prendrais : si je chercherais une place quelconque à Paris, ou si je resterais à

Avenay, mais qu'y faire? Je me trouvais sans état et sans moyens d'existence, à moins d'être à la charge de ma mère. Un garçon de 26 ans doit s'occuper..... M. R...., mon cousin, ayant écrit à maman pour lui proposer une place de 3,000 fr. d'appointements, la table et le logement, un domestique et un équipage à mes ordres, je me laissai séduire et résolus de partir pour la Russie et d'y chercher une seconde patrie! »

Ire LETTRE. — LA MER DU NORD.

(Septembre 1828.)

C'est à toi, mon cher ami, que viendra ma première lettre écrite hors du sol français. Tu m'as tant recommandé de te communiquer mes observations sur les pays que je vais visiter, que je ne voudrais pas manquer à ce que tu attends de moi. Que ne suis-je appelé à voir beaucoup, afin d'intéresser ton esprit comme ton amitié ! Je souhaiterais, *m'en coûtât-il grand'chose*, des aventures, des surprises, des catastrophes à te conter. Un journal de voyage n'est intéressant qu'autant qu'on y trouve des péripéties de tout genre.

Quoi qu'il en soit de tes goûts en matière de voyages, je ne promets pourtant de te transmettre que ce que je pourrai voir ou recueillir. Comme je te connais l'esprit trop juste pour ne t'amuser que d'une relation burlesque ou satirique, je ne chercherai point à farder mes impressions. Je ne trouve rien de nauséabond comme ces prétendus Aristarques qui, sans tenir compte des temps, des mœurs et des degrés de latitude, vont partout, mesurant les hommes et les choses au compas de leur petit génie, critiquant et blâmant tout ce qu'ils voient pour la première fois, s'attachant à la surface, s'étudiant à d'inutiles et faux rapprochemens, incapables d'approfondir et de juger sainement ce qu'ils se disent appelés à examiner et à décrire.

Tu sais, mon cher ami, les motifs qui me déterminaient à quitter le beau climat de la France et à me rendre sous le ciel neigeux de la Russie. Je partais, me disait-on, pour diriger l'éducation des jeunes princes Prat. . ., ou en d'autres termes, pour y chercher à saisir les traits de cette insaisissable femelle qu'on nomme fortune. Hélas ! combien de gens quittent leurs foyers, leurs amis, leur patrie, pour courir après cette déité qui peut-être ne cessera de leur tourner le dos! Combien de gens ne sont ni plus heureux, ni plus avancés, après un long et rigoureux bannissement! On cherche le bonheur...

> Personne, hélas! chez soi ne le possède;
> Chacun le croit chez son voisin.

Nous étions depuis trois jours en pleine mer, les nausées, les vapeurs, les dégoûts et les regrets avaient fait place à l'appétit, à la curiosité et au plaisir d'écouter les confidentielles avances du capitaine. Normand de naissance, grand causeur et grand disputeur, comme tous les gens de son pays, suffisamment instruit pour un capitaine, et passablement poli pour un Normand, M. B.., me sollicitait depuis longtemps de chasser au large les soucis qui semblaient m'oppresser, et de prêter quelque attention aux récits de ses excursions à Calcutta, à l'île Bourbon, à Pondichéry et autres lieux. Me supposant aussi curieux de connaître ses campagnes qu'il l'était de me les raconter, il m'accablait de descriptions des pays qu'il avait vus, des tempêtes qu'il avait essuyées, d'anecdotes sur les gens qu'il avait connus : il me disait le caractère de chacun des passagers qu'il avait eu l'avantage de transporter; les vertus de ceux qui l'avaient généreusement rétribué; le nom et les ridicules des fripons ou des malheureux qui l'avaient mal ou point du tout payé. Puis il me fallait subir l'énumération de toutes ses belles et généreuses qualités : M. B... s'est fait une loi de ne jamais faire sentir à ses passagers l'autorité que la loi lui donne sur eux; il ne souffre pas qu'un matelot leur manque, qu'un mousse qui les a servis durant la traversée leur demande un pourboire à l'arrivée; quant à lui, M. B..., toujours aussi discret que réservé, il se garde bien de jamais leur demander les motifs de leur voyage, l'état de leurs affaires, leur position dans le monde, etc., etc., etc.

Au demeurant, M. B... était un homme sociable, doux, insinuant, élevé dans une salutaire crainte de Dieu, animé d'une noble et généreuse indignation contre les terroristes de 93 et les jacobins du jour, plein d'une juste confiance en ses moyens de plaire aux gens de la bonne société, et aussi sûr de la constance et de la vertu de Mme B... que de la solidité et de l'excellence de son navire, qui portait le nom de sa fidèle Pénélope. Tel était ou à peu près le bon capitaine auquel le hasard avait remis le soin de mes jours durant la traversée des mers du Nord.

Au surplus, à l'exemple d'une multitude de voyageurs novices, et pour l'honneur de ma sensibilité, tu penses bien qu'il me fallut tomber en extase à la vue du spectacle imposant que déroule aux yeux *la majestueuse étendue des mers.*

Je ne pus pourtant le faire que le troisième ou quatrième jour ; car jusque-là, cette désolante maladie qu'on nomme *mal de mer* me fermait les yeux à toutes les beautés que Neptune, Amphitrite, les Naïades et toutes les divinités de la plaine liquide se plaisaient à me prodiguer. J'étais, durant la crise, pâle, jaune et vert, tantôt appuyé sur les bords du navire, dans cette position si favorable que tu n'as pas encore eu le bonheur de connaître ; tantôt étendu de tout mon long sur le pont, m'abandonnant aux mouvemens réitérés et rétroactifs du bâtiment ; tantôt, et plus souvent encore, réfugié dans mon hamac, où je réfléchissais à l'instabilité des choses humaines, et surtout des élémens, maudissant mille fois la sotte fantaisie qui prend aux hommes de tâter du roulis de la mer !

Toutefois, lorsque, comme le dirait M. le comte de Maistre, la bête se fut raffermie, et que l'autre moitié eut repris le dessus, à la vue de ces ondes d'un bleu foncé qu'un léger vent suffit pour courroucer, amonceler et disperser en vagues écumeuses et blanchâtres ; à cette odeur forte des exhalaisons salées qui saisissent la respiration et endurcissent le corps ; à ce grand et universel abandon de la terre et des hommes, à ce silence imposant et qu'interrompaient seulement le craquement des mâts, le bruissement des voiles et le mugissement des flots, je ne pus retenir mes émotions, et des larmes dont je ne sus me défendre vinrent mouiller les feuillets du poète que je lisais et qui, depuis long-temps, ne me servait plus que de contenance. En effet, mon ami, l'esprit et l'imagination des meilleurs écrivains sont loin de pouvoir lutter avec les grandes créations de la Providence! Que sont en effet les pâles descriptions de la poésie auprès des merveilles de la nature! Qu'est l'homme en présence de l'immensité.

Quid prius dicam solitis parentis
Laudibus? qui res hominum ac Deorum,
Qui mare et terras, variisque mundum
Temperat horis?
Unde nil majus generatur ipso,
Nec viget quidquam simile, aut secundum!

(HOR.)

« A qui dois-je mes premiers hommages? A Dieu, père de la nature, « arbitre souverain de toutes choses : la terre et la mer sont soumises « à ses volontés et l'univers se régit par ses lois. Il ne voit rien au-« dessus de lui, rien d'égal, rien qui lui ressemble. »

C'était là ma seule oraison, quand la clochette retentissante rassemblait pour la prière les matelots et les passagers du bord... Il y a quelque chose de touchant, dans cet acte de piété de gens abandonnés aux caprices des vents, à la fureur des ondes, et auxquels si souvent un seul espoir reste permis, celui que la puissante et sage volonté qui a créé les merveilles du ciel, de la terre et des eaux leur sera, dans leur danger, protectrice et secourable.

Puis, après la prière du soir, par le plus beau clair de lune possible, et tandis que le navire cédait aux molles impulsions d'une favorable brise, ces hommes devisaient entr'eux, se racontaient les travaux de la précédente traversée, les plaisirs que la terre étrangère leur avait présentés, et ceux bien plus doux qui les avaient attendus au retour. L'un disait qu'en reconnaissance du danger dont le délivra Notre-Dame de Grâce de Honfleur, il avait consacré à la Vierge bénie un navire avec tous ses agrès, travaillé de ses propres mains; l'autre s'applaudissait d'avoir retrouvé sa future aussi jolie que fidèle... Un troisième se plaignait du sort contraire, et racontait comment il s'en était vengé près de la maîtresse d'un matelot d'un autre bord... Celui-ci disait la mort de son parrain, de sa bonne mère, ou de sa jeune sœur, et les réflexions morales sur l'existence aventureuse des pauvres marins étaient la suite de son récit... Celui-là se félicitait de la naissance d'un petit marmot, dont sa ménagère avait régalé son arrivée, et des éclats de rire et des quolibets de toute espèce éclataient aux oreilles du narrateur et accueillaient les confidences du trop bon et trop confiant mari.

Puis, aux conversations, aux farces, aux taquineries, succédaient la chanson villageoise, la romance de la veillée, la marche guerrière, ou le chant du matelot. C'est là que j'entendis avec surprise et attendrissement ces refrains naïfs et populaires tant de fois ouïs dans nos campagnes, et dont fut bercée notre enfance rêveuse. Parmi ces chanteurs tant soit peu rustiques, se distinguaient certaines voix qu'on écoutait avec plaisir, surtout quand elles entonnaient le tendre et sentimental,

Du myrte frais ou du triste olivier
Cherchez, amans, le pacifique ombrage, etc.

ou bien le nocturne encore plus accueilli,

Déjà la nuit sombre
Couvre le coteau,
Elle étend son ombre
Sur notre hameau, etc.

C'est ordinairement le plus habile ménestrel du navire qui renouvelle le recueil à chaque retour : quelquefois il apporte à bord de nouveaux airs, de nouvelles compositions destinés à charmer pour longtemps l'équipage. Voici l'attendrissante et plaintive romance qui faisait, pendant ma présence à bord de la *Constance*, les délices de nos bons et vertueux matelots. Comme je mêlais par fois mes applaudissements à ceux de l'équipage, le troubadour voulut me gratifier d'une copie de sa ballade ; il en faisait d'autant plus de cas, qu'elle est en l'honneur de *Notre-Dame de Grâce* de Honfleur, en laquelle il avait la plus grande foi. Je te l'envoie purgée des *t*, des *s* euphoniques, et des accens nombreux dont la copie était enrichie.

Notre-Dame de Grace.

Prêt à fuir la France si belle,
Un banni, jeune infortuné,
A la vierge de la chapelle
Ses vœux adressait prosterné.
« Demain à la plaine azuré
« Quand je vais confier mes jours,
« Des matelots vierge implorée,
« Soyez en aide à mes amours ! »

Las ! sur une plage étrangère
Je vais mendier un appui,
Qu'infortuné, dans ma misère,
Nul ne m'offrirait aujourd'hui.
Des matelots vierge implorée,
Sur la France ah ! veillez toujours...
J'y laisse une amitié trompée,
Soyez en aide à mes amours !

Ma mère, ô vous dont la tendresse
M'accompagna dès le berceau,
Sous l'heureux toit de ma jeunesse
Vous reverrai-je hélas ! bientôt ?
Des matelots vierge implorée,
Sur la France ah ! veillez toujours...
J'y laisse une mère éplorée,
Soyez en aide à mes amours !

Te souvient-il, ma sœur chérie,
Des beaux jours où je te disais :
Bien douce me serait la vie
Si près de toi je la passais ?
Des matelots vierge implorée,
Sur la France ah ! veillez toujours...
J'y laisse une sœur adorée
Soyez en aide à mes amours !

Vous dont l'image me rappelle
Les beaux jours de mes jeunes ans,
Si vous venez à la chapelle
Où j'ai gravé vos doux sermens,
Vous y lirez : Vierge implorée,
Sur la France ah ! veillez toujours...
J'y laisse hélas ! ma bien-aimée,
Soyez en aide à mes amours (1).

(1) Dans une lettre du 7 septembre 1824, écrite à sa mère, Louis Paris lui envoie la copie de cette ballade, en y ajoutant, ce qui ferait supposer que le troubadour dont il parle n'était autre que lui-même :

P. S. — Jeudi.

« La marée de ce matin n'a pas été favorable, notre départ est remis à demain. La mer se prépare bien et nous partirons sûrement dès 4 heures. Ennuyé de ce retard, je suis monté ce matin à une chapelle dédiée à *Notre-Dame de Grâce*. C'est elle que les matelots implorent. Cette chapelle, remplie et décorée des signes de la reconnaissance des marins, m'inspire mes dernières rimes que je vous adresse, ma bonne maman. Vous y verrez que mes dernières pensées ont été pour vous. Veuillez les lire et les agréer avec indulgence. Adieu, ma bonne mère, adieu. Recevez mes baisers et croyez à mon inaltérable et respectueux attachement. »

IIe LETTRE. — LE CATTÉGAT.

Cependant, dix jours déjà s'étaient écoulés et nous n'avions pas eu l'avantage de remarquer autre chose que des bâtimens croisant au loin dans la mer du Nord, et de petits oiseaux perdus qui, de temps à autre, venaient demander à nos mâts un quart d'heure d'hospitalité, lorsque le capitaine, sa longue vue à la main, nous annonça terre. Nous entrions dans le Cattégat, le *Sinus Codanus* des anciens, golfe qui sépare le Danemarck de la Suède. A ma grande satisfaction, le navire s'approcha assez des côtes, pour qu'au moyen de la lunette je pusse distinguer les terres et les habitations du Juttland. Ce pays me parut très-nu et couvert de pauvres cabanes. J'en fis l'observation à M. B... qui me dit que le Juttland ou l'ancienne Chersonèse cimbrique était cependant la meilleure partie des états du roi de Danemarck. « Le Juttland, » continua M. B..., « n'est, pour ainsi dire, formé au centre que de bruyères et de marais ; le reste du pays est d'une fertilité extraordinaire, et fournit une grande partie des blés consommés par la Hollande, la Suède et la Norwège. Il s'y fait en outre une grande exportation de bœufs, de porcs et surtout de chevaux dont la race est excellente. Quant aux habitants des côtes, ce sont réellement de pauvres gens qui ne vivent que du produit de leurs filets... Tenez, ajouta-t-il, voici une barque qui nous arrive, et vous allez voir de misérables pêcheurs qui viennent échanger leur poisson contre du biscuit. »

Je ressentis une grande joie à l'idée que j'allais avoir affaire à des visages nouveaux, à des hommes qui habitaient la terre après laquelle je soupirais déjà, mais cette joie fut bien vite comprimée quand la barque fut proche de nous. Je n'y vis en effet que quatre misérables déguenillés, paraissant n'avoir pas mangé depuis quinze jours. Ils nous montrèrent du poisson frais, qu'ils nous offrirent en nous demandant quelque chose. L'idée que ces infortunés ne mangent jamais de pain, et passent les nuits dans ces barques à guetter le poisson, m'émut singulièrement. Voilà donc, me dis-je, la destinée d'une grande partie de l'humanité, réduite à disputer aux élémens une nourriture à peine suffisante ! — Outre le désir que j'avais de manger du poisson frais, je ne pouvais voir ces pauvres gens sans leur donner quelques secours. Le capitaine leur fit distribuer du biscuit, un peu de lard, et à chacun un verre d'eau-de-vie.

Je voulus ensuite leur donner moi-même quelque chose. — « Eh bien, dit M. B..., il faut profiter de cela pour leur prendre le reste du poisson qu'ils ont ; ce sera pour nos matelots. » Ce qu'il exécuta, sans la moindre résistance de la part de ces pauvres gens, qui se trouvaient trop heureux d'échanger environ dix francs de poisson contre vingt sous de monnaie que je leur donnais. Et encore voulions-nous avoir l'air de leur rendre service ! Voilà les hommes.

— « Mais, » me dit le capitaine, quand ils furent partis, « pensez-vous que nous ayons fait un si bon marché avec ces gens-là ? Vous ne savez donc pas que, sans qu'il nous en coûtât autre chose que ces mauvais restes de viande, nous pourrions en quelques heures avoir autant de poisson qu'en voilà. Si vous voulez en faire l'épreuve, on va jeter la ligne à la mer, et vous aurez la satisfaction de manger le produit de votre propre pêche. »

C'est ce que nous fîmes, et bientôt en effet nous eûmes des maquereaux, des grondins, des morues, des orfiles en abondance : nous prîmes quelques chiens de mer, des crapauds volans et autres poissons d'un genre singulier. Notre cuisinier se mit à vider, à saler toute cette victuaille, et nous nous vîmes, le jour même, assez de provisions pour ne pas craindre la famine de long-temps.

Enfin, dans la nuit du samedi au dimanche, après quatorze jours de navigation, nous vînmes mouiller devant Elseneur, à quatre portées de fusil de la ville.

Le voilà donc, me dis-je, quand le lever du soleil me permit de contempler cette première ville du Nord, le voilà ce pays des Cimbres et des Scandinaves, que l'histoire nous représente sous des formes si gigantesques. Je vais les voir, les descendans de ces fiers guerriers qui ne respiraient que le carnage et la destruction, et ne reconnaissaient d'autre divinité que le dieu des armées, le dépopulateur, l'incendiaire Odin !

Tu te rappelles ces héros qu'Odin recevait dans son palais, et dont le suprême bonheur consistait à se vêtir d'armes brillantes, à se ranger en ordre de bataille, et à se tailler en pièces les uns les autres, mais qui, dès que le moment du festin approchait, s'en retournaient à cheval dans la salle d'Odin, se nourrissaient de la chair du sanglier sacré, et s'abreuvaient de bière et d'hydromel que des vierges, nues comme la vérité, leur versaient dans les crânes de leurs ennemis. Tu sais aussi que les réprouvés d'Odin étaient refoulés dans un enfer en tout digne de leurs attentats. C'était un antre éloigné du soleil, où le poison était déversé par mille couleuvres, où les vipères et les serpens étaient confondus avec les assassins, les parjures, les empoisonneurs et les adultères. Un horrible dragon noir, qui ne se nourrissait que de la chair des infortunés prisonniers, était le geôlier de cette affreuse demeure.

Et pourtant, malgré l'atrocité de ses rêveries, nulle mythologie, pas même celle si ingénieuse des Grecs, ne fut aussi figurée, aussi poétique que celle des anciens Danois. Leurs scaldes avaient pour chaque idée une expression fondée sur quelques-unes des fables de la mythologie. Le ciel était le crâne du géant Imer ; l'arc-en-ciel, le pont des dieux ; l'or, les larmes de Frigga, épouse d'Odin ; la terre était le vaisseau qui flotte sur les âges ; la mer, le champ des pirates, la ceinture de la terre ; la langue, l'épée de la parole ; et un navire, le cheval des flots.

Ces traits suffisent pour peindre le caractère de ces peuples dont Jornandès a surnommé le pays *la fabrique du genre humain*. « Je l'appellerais plutôt, dit Montesquieu, la fabrique des instrumens qui brisèrent les fers des peuples du Midi. En effet, c'est là que se formèrent les nations vaillantes qui sortirent de leur pays pour détruire les tyrans et les esclaves, et apprendre aux hommes que la nature les ayant faits égaux, la raison n'a pu les rendre dépendans que pour leur bonheur. »

Aucun pays de l'Europe et peut-être du monde n'éprouva plus de révolutions que celui de Danemarck : mais nulle, sans doute, ne fut aussi singulière, aussi inconcevable, pour des esprits français surtout, que celle de 1660.

Avant cette époque, ce gouvernement était partagé entre un roi électif, la noblesse et les états. Le souverain n'avait presque d'autres droits que ceux de présider au sénat et de commander les armées. Les États, composés de nobles, du clergé et des bourgeois, réglaient dans leurs réunions tous les autres intérêts de la nation. La noblesse toutefois y jouissait de privilèges qui blessaient autant les droits du peuple que la dignité de la couronne. La bourgeoisie, dans l'excès de son ressentiment, conçut l'incroyable résolution de se donner les fers les plus pesans pour échapper aux prétentions des nobles. En conséquence, après avoir déféré au prince une puissance absolue, arbitraire, illimitée, ils forcèrent la noblesse et le clergé à venir se soumettre au monarque, qui reçut des mains du peuple les capitulations fixant ses nouveaux droits. La loi qui les lui confirme est trop curieuse pour que je ne t'en donne pas un extrait.

« Les rois *héréditaires* de Danemarck et de Norwège seront
« regardés par leurs sujets comme les seuls chefs suprêmes
« qu'ils aient sur la terre. Placés au-dessus de toutes les lois
« humaines, ils n'auront désormais, dans les affaires ecclésias-
« tiques et civiles, d'autre supérieur que Dieu seul. Ils joui-
« ront du droit souverain de faire et d'interpréter les lois, de
« les abroger, d'y ajouter ou d'y déroger, de donner ou d'ôter
« les emplois, de nommer les ministres, de disposer des places
« et des forces du royaume, de faire des traités avec qui et
« quand ils le jugeront à propos, d'imposer des tributs, de
« déterminer et de régler les cérémonies de l'office divin ; de
« convoquer les conciles; en un mot, le roi réunira dans sa

« personne tous les droits éminens de la souveraineté, et les « exercera en vertu de sa propre autorité. Il deviendra majeur « à quatorze ans, et dès ce moment, il déclarera publiquement « lui-même qu'il est son maître, et qu'il ne veut plus avoir de « tuteurs. Il ne sera tenu ni à prêter serment, ni à contracter « aucune obligation, sous quelque titre que ce puisse être. Il « sera donc revêtu d'un tel pouvoir, que tout ce qui peut se « dire ou s'écrire à l'avantage d'un roi absolu doit s'entendre « dans le sens le plus étendu et le plus favorable au roi de « Danemarck. La même chose s'entendra aussi de la reine hé- « réditaire, si, dans la suite des temps, la succession parvenait « à une princesse du sang royal. Si quelqu'un, de quelque « rang qu'il fût, osait faire ou obtenir des dispositions con- « traires à cette autorité arbitraire illimitée, tout ce qui aura « été fait ou obtenu sera censé nul et de nul effet, et ceux à « qui pareilles choses auraient été accordées seront punis « comme criminels de lèse-majesté au premier chef. »

Tel est le précis de ce qu'on appelle la *loi royale* du Danemarck, la seule à laquelle il ne soit pas permis au souverain de déroger, le constitue « *par la grâce de Dieu, roi de Danemarck et de Norwège, des Vandales, des Goths, etc., etc.* ». C'est ainsi, dit un écrivain, que le gouvernement de Danemarck, qui était à bien des égards aristocratique, fut tout-à-coup changé, sans que le roi l'exigeât, sans qu'il en fît la proposition, sans qu'il parût même le désirer, en un gouvernement absolu et despotique.

Certes, mon ami, nous autres Français, nous nous trouvons si peu à l'aise sous l'empire de la charte octroyée, et depuis près de quarante ans nous combattons si obstinément pour quelques bribes de liberté, aussi nous comprenons difficilement qu'un peuple qui jouit de la plénitude de ses droits s'en démette ainsi en faveur du despotisme si abhorré parmi nous. Mais si nous comparons les bienfaits de la déesse au bonnet phrygien chez nous, et ceux du despotisme en Danemarck, l'impartialité nous obligera de convenir, qu'à tout prendre, la liberté avec ses poignards, ses échafauds et ses proscriptions est quelquefois plus rude et moins supportable que le pouvoir illimité d'un seul qui, par bonheur pour l'humanité, n'est pas toujours un Néron, un Ivann ou un Christiern.

En Danemarck, par exemple, où il n'a pas été posé de limite au pouvoir du roi, qui ne prête que le serment d'être juste et chrétien, l'attachement du peuple pour ses souverains a fait naître une foule de garanties qui assurent le bonheur de toutes les classes de la société. Tout Danois a notamment le droit de publier ses opinions en matière politique ou autre, sans crainte de la censure : cette liberté va même si loin, qu'il est permis à tout individu de porter plainte en calomnie, tandis que, par une disposition toute particulière de la loi, le roi a déclaré s'interdire ce droit à lui-même et à sa famille.

L'histoire du Danemarck m'occupait tellement en me sachant si près d'Elseneur, que je me couchai fort agité, impatient que j'étais d'en connaître la situation, les maisons et les habitans. La nuit, mes rêves se sentirent de la lecture que j'avais faite précédemment de l'histoire des Goths, de Jornandès; de l'histoire de Danemarck, de Mallet; et du Haldan de Knouden, de notre ami Raulin. Je ne voyais que des hommes à la haute stature, au regard farouche, qui buvaient dans des crânes le sang de leurs ennemis, dont la peau tannée leur servait d'habillement. — Réveillé en sursaut par ces riantes images, je fus, dès le point du jour, m'assurer de l'état des lieux. Nous étions dans une rade immense couverte de nombreux navires, et sous les murs d'une ville qui me parut plutôt le centre du commerce et de la civilisation que le rendez-vous d'avides et cruels pirates. Appuyé sur les bâbords du navire, et les regards fixés sur les retranchements d'une redoutable forteresse qui se dessinait parfaitement à la vue, je m'attendais pourtant encore à voir sortir de ces portes redoutables quelques-uns de ces géans terribles auxquels autrefois rien ne pouvait résister. En effet, je vis bientôt une barque se détacher du port et prendre notre direction. « Tenez, » m'écriai-je en appelant le capitaine, « voici des envoyés du successeur des Skiold, d'Haldan ou des Gothfrid, qui viennent capturer votre navire, ou du moins prélever un impôt sur vos marchandises. »

— « Vous ne vous trompez guère que de nom, » me répond M. B. ; « ce sont des préposés de Frédéric VI, qui viennent me presser d'acquitter les droits du Sund. Si vous désirez descendre à terre avec moi, faites vos préparatifs, je vais m'y rendre avec ces modernes Scandinaves. » — J'étais trop curieux de voir de plus près la jolie ville d'Helsingor, pour ne pas m'empresser d'accepter l'offre... Dites-moi, capitaine, demandai-je encore à M. B., en me passant autour du cou une cravate blanche, ces droits du Sund me semblent bien un reste de cet esprit de piraterie qui signala si long-temps les Danois à l'indignation du reste de l'Europe? — « En effet, » me répondit le capitaine, « cet impôt repose sur un usage immémorial que toutes les nations naviguant sur la Baltique ont reconnu par des traités. Le paiement, à peu près le même pour tout le monde, se fait d'après un tarif qui varie suivant la diversité de marchandises. L'état en tire plusieurs millions qui entrent, dit-on, dans la cassette du roi et sont affectés aux dépenses particulières de S. M. C'est ici, à Elseneur, que ce tribut se perçoit, et vous comprenez comme cette petite formalité devient nécessaire, puisque le château de Cronembourg, que vous pourrez envisager d'ici, est flanqué de bonnes pièces d'artillerie qui salueraient bien poliment ceux des braves qui s'aviseraient de vouloir traverser le passage sans baisser pavillon. C'est cependant ce que fit la flotte anglaise, conduite par l'amiral Parker, qui força le détroit le 30 mars 1801, malgré le feu de ces mêmes batteries. Mais, au reste, un autre tribut, qui ne vous amusera peut-être pas davantage, vous personnellement, c'est celui exigé des passagers assez curieux pour vouloir examiner la ville. Le pied à terre coûte aux étrangers huit ou dix francs, je vous en préviens. »

— Ah! m'écriai-je, corsaires impitoyables,

Vous ne démentez pas une race funeste;
Oui, vous êtes le sang...

— Allons, allons, me dit le capitaine en riant, êtes-vous toujours des nôtres? — Je répondis en me jetant dans la barque, et bientôt nous mîmes le pied sur la terre danoise. Aussitôt, un petit soldat de la douane, qui ne répondait en rien à l'idée que je m'étais faite des descendans des Cimbres et des Vandales, me fit un geste et m'engagea à le suivre à la police, où l'on me fit décliner mes nom, âge et domicile, après quoi l'on me remit, contre deux pièces de cent sous, un bout de papier qui m'autorisait à parcourir la ville dans tous les sens.

IIᵉ LETTRE. — ELSENEUR ET LA BALTIQUE.

...Elseneur ou Helsingor est une ville de 7 à 8,000 âmes. Elle me parut remarquable par l'extrême propreté de ses rues. Les maisons, quoique simples, y sont élégantes et d'une régularité singulière. Les croisées, petites, nombreuses, ont des verres d'une transparence unique. Les femmes, qu'on dit en général blondes, sveltes et très-jolies, sont recherchées dans leur parure et extrêmement coquettes. Elles ont, en dehors des fenêtres, et posé sur un pivot, un miroir à double face qu'au moyen d'un cordon elles disposent et tournent à leur gré, de telle façon que, de l'intérieur et sans se remuer, elles voient ce qui se passe dans la rue et chez leurs voisins ; c'est là de la curiosité au premier chef, on ne le niera pas. J'ai ouï dire que le même miroir existe dans quelques villes de la Hollande. Du reste, il paraît qu'Elseneur est, après Copenhague, la ville la plus riche et la plus belle de l'île de Séeland, où elle est située. Elle est célèbre par le passage des Suédois et des Norwégiens qui viennent dans le royaume, et par les nombreux agens diplomatiques qu'elle accueille. On pourrait l'appeler la ville des consuls, car toutes les nations qui commercent avec la Baltique y ont des représentans.

Je voulus, d'après cela, rendre une visite au consul de France, pour qui d'ailleurs j'avais une lettre. En m'y rendant, mon guide me fit remarquer l'auberge où logea la reine Christine, lorsqu'après son abdication elle s'en vint en Séeland, avec peu de suite et revêtue d'habits d'homme. D'Alembert, dans ses Mémoires sur cette princesse, raconte que, quand elle fut arrivée à un petit ruisseau qui sépare la Suède du Danemarck, elle s'élança de son carrosse de l'autre côté, et s'écria : « Enfin, me voici en liberté et hors de mon pays, où j'espère bien ne retourner jamais. » Je prendrai la liberté grande de demander au grave philosophe de quel petit ruisseau il entend parler, qui, dit-il, sépare les deux états du Nord. Je ne sais guère que le Sund qui, dans son plus étroit passage, a près de deux lieues de large : il paraît que la petite reine Christine avait des jambes d'une certaine dimension.

Après avoir dîné chez le consul, M. le chevalier de Mure, qui me fit le plus bienveillant accueil, nous allâmes, avec le capitaine B. et le chancelier du consulat, visiter le château de Cronembourg. Cette forteresse, dont Frédéric II jeta les fondemens pour défendre le passage du Sund, est bâtie en pierres de taille et recouverte de toits en fer. C'est la clef du Danemarck et l'une des plus anciennes maisons royales du royaume. Elle est flanquée de tours et de bastions, munie d'une forte artillerie et de vastes casernes. On nous proposa de nous faire voir et les prisons où sont détenus les criminels condamnés aux travaux forcés, et la manufacture d'armes de Marienluft, qui sont dans les environs : mais nous préférâmes céder au plaisir d'entendre une musique guerrière, dont les sons frappaient déjà nos oreilles. A mesure que nous nous approchions, je reconnaissais, à ma grande surprise et à ma grande émotion, les airs chéris de la *Dame blanche*. On ne conçoit bien la patrie et tout ce qui y ramène la pensée qu'en pays étranger! Ce concert était donné par le régiment en garnison à un officier supérieur qui se promenait dans le jardin royal, où nous eûmes le plaisir de pénétrer. Ce jardin est remarquable par sa position, d'où l'on jouit d'une vue réellement admirable. On y voit deux mers réunies par un canal qui n'a guère qu'une lieue de longueur, des côtes d'un aspect délicieux, et surtout une navigation dont le mouvement continuel offre le spectacle le plus varié. C'est dans ce jardin, enrichi encore des plantes les plus rares et les mieux entretenues, des ornemens de tout genre, que fut, dit-on, égorgé le père d'Hamlet : attentat qui fournit à l'immortel Shakespeare l'une de ses plus belles compositions, qui depuis, transportée sur notre scène par le poète Ducis, a fait verser tant de larmes, par l'admirable talent de notre moderne Roscius.

En quittant Elseneur, nous reposâmes encore nos regards sur le magnifique spectacle qu'offrent le Sund et ses deux rives si rapprochées, spectacle dont je ne pouvais rassasier mes yeux ; il se prolonge assez loin pour qu'on puisse découvrir Copenhague, qui n'est éloigné d'Elseneur que de 7 à 8 lieues. Je voudrais bien qu'il me fût donné de pouvoir reproduire sur la toile ce grand et magnifique tableau : ces navires de toutes grandeurs, ces bricks, ces allèges, ces bateaux à vapeur, ces petites nacelles qui sillonnent les eaux dans tous les sens ; ces cris, ces chants des matelots, ce soleil si pur et si enflammé du couchant, qui reflète au loin ses rayons écarlates sur les toits et les murs de toutes couleurs, des villes et villages qui couronnent la double rive de Suède et de Danemarck. C'est, sans contredit, le sujet le plus digne des pinceaux de Vernet ou de Gudin.

Avant d'arriver en vue de Copenhague, nous longeâmes l'île de *Huen*, célèbre par le séjour et l'observatoire d'un des plus fameux astronomes du seizième siècle, de Tycho-Brahé. Frédéric II, voulant s'attacher ce grand homme que tous les souverains d'Europe enviaient au Danemarck, lui donna en pur don, avec une forte pension, cette île de *Huen*, sur les côtes de laquelle Tycho-Brahé fit bâtir le château d'Uraniembourg et la tour merveilleuse de Stellebourg, où il se livra exclusivement à l'étude, et conçut ce curieux système qui eut le mérite de concilier les scrupules des théologiens avec les vérités découvertes par cet illustre Galilée, dont l'un de nos poètes a dit :

> ...Il expia par cinq ans de prison
> L'inexcusable tort d'avoir trop tôt raison.

Nous vînmes le soir même jeter de nouveau l'ancre devant la capitale du Danemarck, redoutant pour la nuit les rochers et les bancs de sable dont la mer est couverte en cet endroit. Il est rare qu'un vaisseau chargé s'en tire sans avaries, si le capitaine ne prend pas un guide parmi les pilotes habitant le long de la côte. Mais il arrive souvent que la plupart de ceux qui ne connaissent pas bien cette mer, et qui veulent économiser à payer au pilote, se hasardent, sans autre guide que leur présomption, puis se heurtent contre un roc ou échouent sur un banc de sable, et se trouvent contraints, mais souvent trop tard, d'appeler à leur aide.

L'aspect de Copenhague est magnifique : de l'endroit où nous étions, on en distinguait les principaux monumens, notamment le Palais-Royal, dont la figure me parut colossale. C'est, me dit le capitaine, un des plus beaux palais du monde. M. B. me fit remarquer, en avant de la ville, le fort que les habitans construisirent à la hâte, pour soutenir l'attaque imprévue des Anglais, pendant la paix de 1807. Ce travail n'empêcha pas la ville d'être bombardée, la cathédrale, l'université et 300 maisons d'être détruites : il consiste en palissades, derrière lesquelles les Danois placèrent trois vaisseaux de guerre qui furent consacrés à la défense de la ville et qui finirent par être coulés bas. On en voit encore les débris qui s'élèvent dans les airs, et que le voyageur peut considérer comme un témoignage du dévouement de la nation danoise à l'empereur Napoléon, et comme une preuve de l'infâme et atroce vengeance du peuple d'Albion.

Le lendemain, j'étais encore plongé dans les douceurs d'un sommeil aussi bienfaisant qu'il est rare sur mer, quand je fus réveillé en sursaut par un bruit inexprimable et qui ne ressemblait pas mal à une prise d'assaut. J'escalade en toute hâte et viens prendre le mot d'ordre. Quel est mon étonnement, en voyant une douzaine d'individus à figure hétéroclite s'emparer des mâtures, des agrès et d'autres objets qui se trouvaient sur le pont, les jeter à la mer, puis s'agiter, se heurter en tous sens, les uns montant aux mâts, les autres descendant la chaloupe à l'eau, et le capitaine lui-même s'exténuant à lâcher les gros mots si familiers aux marins et à commander la grande manœuvre… *Paravinez! changez le vent! larguez les écoutilles!…* — Pour le coup, je pense aux pirates, aux corsaires de la Scandinavie… J'interroge, je m'informe ; pas de réponse ; chacun court de son côté, chacun jure et crie, et cependant le temps est aussi beau que la veille, la mer est légèrement ondulée, une faible brise enfle les voiles… Je saisis le mousse au collet : Qu'y a-t-il donc? réponds! — *Eh! lâchez donc, l'passager; vous voyez bien que j'somm' échoués! T'nez, est-ce que vous n'apercevez pas les roches?...* En effet, nous étions dans l'endroit à peu près le plus périlleux du Sund! des roches de tous côtés, et pas plus de quatre pieds d'eau!

L'équipage eut, pendant plus de deux heures, la plus vive inquiétude sur le sort du navire, et le capitaine, qui la veille s'était dit connaître si bien le passage, et qui s'était répandu en plaisanteries sur l'impéritie de quelques-uns de ses collègues, à qui il était arrivé de se perdre en cet endroit, se trouvait pris au même piége, et n'avait garde de répondre à mes interpellations. Cependant, après quelques heures de travail, les pilotes et les matelots parvinrent à faire reprendre au navire une direction favorable, et le capitaine en fut quitte pour ses agrès et quelques pièces d'or.

A mesure que nous pénétrions dans la Baltique, l'influence du climat commençait à se faire sentir : la brise augmentait, un air froid et piquant m'oblige à laisser les habits d'été pour endosser ceux d'hiver. Peu-à-peu le vent devint si violent et la mer si houleuse, que j'en retombai malade. Heureusement, la brise nous étant favorable, six jours nous suffirent pour le trajet de la Baltique et du golfe de Finlande. Dans la nuit du 13 au 14 septembre, malgré la grosseur de la mer, l'ancre fut jetée, et l'on me dit que nous étions près de Kronstadt. Nous nous trouvions en effet non loin du port, entourés de feux et de balises placés pour indiquer les endroits périlleux de la rade. Le lendemain, nous approchâmes davantage et sur les deux heures, nous vîmes arriver une chaloupe contenant une quinzaine d'employés de la douane, qui se présentèrent à bord et mirent les scellés sur tous les coffres, armoires et portes du navire. J'éprouvai, je l'avoue, un serrement de cœur à la vue de ces soldats dont le langage, l'uniforme, la médaille d'argent et surtout l'odeur de cuir me rappelaient la funeste époque où notre belle France fut la proie de l'étranger. Il me semblait reconnaître, dans ces suppôts de la douane, ces mêmes Russes si connus sous le nom de Cosaques, qui mirent notre pays à de si rudes épreuves.

Vers les trois heures, il nous fut permis de pénétrer dans le port, non point avec le navire, mais dans un léger canot que le vent contraire et la grosseur des vagues semblaient à chaque instant devoir submerger. La mer était agitée, d'immenses lames d'eau nous inondaient et nous mîmes plus d'une heure à faire un trajet de trois cents pas. Avant d'arriver au débarquement, nos yeux furent frappés d'un horrible spectacle. Le bateau à vapeur qui quittait Kronstadt pour Pétersbourg était victime d'un déplorable accident. La chaudière était crevée, et la cheminée, qui venait de tomber avec un grand fracas, avait blessé une femme qui, placée sur le bord et voulant se rattacher à quelque chose, saisit la robe d'un prêtre russe, son voisin, avec lequel elle disparut dans les flots. Le pyroscaphe, livré à la violence des flots, menaçait à tout moment de se briser contre les gros navires du port ou contre les murs du bassin. Dans cette perplexité, les cris, le désespoir des passagers, les efforts des matelots et des employés du port, rendus infructueux par la fureur des vagues et la crainte d'être brisés par le choc du bateau lui-même, tout contribuait à rendre la position de ces malheureux plus effrayante et ce spectacle plus affreux. Enfin, par un bonheur inespéré, le bâtiment, après avoir été ballotté un quart d'heure entre les entablemens et les digues du bassin, au lieu de donner de la proue ou de la poupe contre les murs, ce qu'on redoutait et ce qui l'eût infailliblement mis en pièces, vint le prendre de côté, en large, de telle sorte qu'on put jeter aux passagers des cordes et des échelles, au moyen desquelles ils parvinrent à se sauver. Dans la confusion et le désordre entraînés par cet accident, trois personnes furent noyées et trois autres grièvement blessées : au nombre de ces dernières se trouvait le capitaine du pyroscaphe, contre lequel les passagers semblèrent disposés à porter plainte. C'est sous des auspices aussi peu favorables que je mis le pied sur le territoire de sa majesté Nicolas, Empereur, Tzar et Autocrate de toutes les Russies.

IVe LETTRE. — SAINT-PÉTERSBOURG.

J'ai vu Saint-Pétersbourg : eh bien, j'aime mieux Paris! La ville de Pierre le Grand, avec ses palais, ses édifices, ses rues larges et alignées, ses points de vue, sa perspective, ses temples, ses flèches dorées, est d'un isolement et d'une monotonie qui froissent l'âme. N'allez pas croire que ce soit cet isolement qu'un provincial éprouve à son premier séjour à Paris : à Paris, le nouveau venu est sans appui, sans société intime, mais, avec de la mobilité dans les jambes et dans les idées, et sans doute avec quelque peu d'argent, il trouve vite et des distractions et de l'amusement. Les lieux publics, les jardins, les promenades, les cafés, les spectacles, et surtout la mouvante multitude qui obstrue et vivifie les avenues, offrent partout le change à sa mélancolie. Je ne vous parle pas des riches boutiques de Paris qui font de chaque maison autant de bazars et de panoramas, et dont l'attention est partout amusée... A Pétersbourg, figurez-vous des rues plus larges que la rue de la Paix, formées de deux rangées de bâtimens d'un blanc mat, uniformes, à deux étages seulement, toutes décorées avec le même système de colonnades et n'offrant dans leur incommensurable prospect ni variété, ni mouvement, ni rien en quelque sorte qui fasse croire à la vie. Trois ou quatre petites et mesquines voitures paraissent de loin en loin dans ces longues rues, où l'on n'aperçoit ni magasins, ni boutiques, ni refuge pour le flâneur. Rien de tout cela n'existe à Pétersbourg. Vous prenez un logement dans une vaste, triste et silencieuse habitation. Un homme à longue barbe, à grègues sales, à langage inintelligible, vous monte dans une sorte de galetas. Quatre murs peints en vert, une couchette à barreaux verts (domicile patrimonial d'une innombrable famille de punaises), garnie d'un long coussin de crin sur lequel sont déposés deux draps, la couverture de laine et l'oreiller le plus léger possible! j'oubliais, parmi les objets mis à votre disposition, deux flambeaux et trois vases d'*usage fort différent*.

Maintenant, vous êtes seul, en tête-à-tête avec vos meubles somptueux et votre appétit. Le maître d'hôtel n'a plus rien à démêler avec vous qu'à la fin de la semaine, le samedi, jour où il vous enverra demander quinze roubles pour le plaisir de vous avoir accueilli. C'est à vous à dépister, par la ville que vous ne connaissez pas, un être qui vous comprenne et vous serve d'interprète; un homme qui vous indique un restaurant pour vous réconforter, un domestique pour faire votre lit, cirer vos bottes et se charger de vos commissions : car, je vous le répète, le maître de la maison ne vous connaît pas, ne s'occupe nullement de vous. Vous voulez déjeuner, dîner? Votre homme n'a pas de table d'hôte! Et dans la ville rien n'annonce à l'étranger le restaurateur ou le cuisinier. Cherchez donc, vous que le besoin talonne et qui ne savez à qui adresser ces mots si expressifs dans notre langue : *J'ai faim!*

Cependant, il faut le dire, cet embarras finit. Après dix jours de résidence à Pétersbourg, quand, comme moi, l'on a bien couru, bien vu, bien battu le pavé, on finit par découvrir qu'il existe, dans la plus belle et plus somptueuse cité du monde, un restaurateur, Français de nation, Normand de pays, et qui a nom *Andrieux*. Cet Andrieux est un monsieur bien vêtu, bien nourri, gros et joufflu, frais et vermeil, jovial, et disant le mot, malgré sa grosse voix et sa langue quelque peu grasse : c'est chez ce joyeux fils de Comus que vous, étranger, Parisien inoccupé, cosmopolite affamé, il faut savoir vous introduire. Là, dîner succulent pour la modique somme de huit roubles. Et qui n'a pas huit roubles dans sa poche, pour aller rire avec le facétieux Andrieux! C'est chez lui que s'absorbe, avec une merveilleuse fluidité, le liquide champenois qui porte au bouchon les noms aimés de *Jacquesson* ou *Ve Cliquot*. C'est là que se comprend la rapide et brillante fortune de nos habiles compatriotes. C'est chez l'illustre Andrieux que se donnent rendez-vous tous les voyageurs de bon ton : le gros négoce et la banque; l'armateur et le diplomate, en un mot l'homme riche de tous les pays. On y rencontre des officiers moscovites, qui viennent frotter leur cuir de Russie tant soit peu rude et puant contre l'habit brun parfumé du gentleman anglais et le frac noir élégant du parisien. Il y a toute apparence que, parmi ces habits verts à galons rouges et ces chapeaux à plumes de coq, il se trouve bon nombre de mouches et d'estafiers du commissaire : mais tous ces gens-là portent l'écharpe à frange argentée; tous sont couverts de croix, de crachats et de rubans de toutes couleurs. Le moyen, je vous prie, de n'être point confusionné de l'honneur qu'ils vous font! Quant à moi, je suis tout ébahi de me trouver au milieu de tant d'illustrations!

Me sachant assez exclamateur de ma nature, vous vous attendiez à des cris de surprise et d'admiration. Eh bien, pas du tout! Je ne sais à quoi l'attribuer, mais je reste froid et sans émotion à la vue de tant de choses nouvelles. Tout cela fait sur moi l'effet d'un spectacle déjà vu, déjà au rebut. Il semble que je devienne égoïste, depuis que j'ai mis le pied sur cette terre. Toutes mes impressions sont des retours sur moi-même : j'éprouve comme des spasmes, des contractions nerveuses à la vue de cette société étrange à laquelle je n'appartiens pas, et dont, suivant toute apparence, je ne ferai jamais partie. Je regrette et mon passé et mon avenir; oui, mon avenir surtout, car, je le prévois, le voilà désormais compromis, à la disposition de faits et de gens que je ne puis diriger. Au milieu de tant d'inopportunes figures, je me vois sans espérance de sympathie et d'amour!

A Pétersbourg, les monumens, ou du moins ce qu'on est convenu d'appeler ainsi, sont pour la plupart de longs, flasques et démesurés bâtimens, sans grâce, sans élégance, sans majesté. Écrasés, mesquins, on les flanque de colonnades toutes plâtrées de blanc et de jaune. C'est petit, sans dignité. Quant à la sculpture, c'est quelque chose de plus bas encore; des statuettes sur tous les édifices. Sans formes, ni dessin, en vil plâtre, ce que je trouve odieux.

Cependant il ne faut pas être injuste. Il y a tant de ces constructions, il y en a tant et qui sont plâtrées à neuf, que l'ensemble produit à la vue quelque chose d'imposant et qui flatte. Chaque toiture est de tôle rouge, brune, verte ou bleue. La plupart des clochers ont des coupoles bulbeuses dorées, des flèches aiguës scintillantes. Puis, figurez-vous le large fleuve de la Néva qui coupe la ville par moitié, et qui se subdivise ensuite dans les principaux quartiers en une multitude de canaux. Puis, l'aspect des ponts, des navires aux mâts flottans; puis, les jardins et la belle ordonnance des rues, tout cela fait qu'on se surprend à s'extasier malgré soi. Le soir surtout, il y a des points de vue d'un charme inexprimable. Je dînais, il y a quelques jours, chez un professeur à l'institut de Ste-Catherine. A la nuit, vers onze heures, on ouvrit la fenêtre, et je fus invité à jeter les yeux sur le tableau qui se déroulait devant nous. Je tombai en extase : c'est prodigieux de fantastique et de couleur! L'art féerique ne peut rien créer de plus beau, de plus riche, de plus idéal. Il faut renoncer à décrire.

Image vivante du caractère national en Russie! tout cela clinquant! travestissement pénible et coûteux, dont l'œil le moins exercé fait justice : paillettes fausses, oripeaux fastueux, mis à grands frais sur une tête chenue, difforme et décrépite!

Je vous parlerai de l'église de Notre-Dame de Cazan, dont sans doute vous avez entendu dire quelque chose. La vue à cent pas en est imposante, majestueuse, monumentale. Un péristyle en demi-cercle, composé de plus de trente colonnes cannelées, d'une teinte sombre et religieuse : au centre, trois magnifiques portes de bronze sculpté, ciselé, gouaché, représentant plusieurs sujets bibliques. Voilà ce qu'il faut admirer au premier coup-d'œil. Cependant, ces longues voûtes, tracées probablement d'après le modèle de celles de l'académie ou du lycée, et qui de loin promettent tant, n'offrent plus rien de grave ni de beau quand on les examine en détail. Les colonnes sont d'une pierre grasse et spongieuse, exposées à la dégradation, aux injures de l'air, si froid, si pénétrant en hiver que, quoique de date fort récente, elles paraissent avoir quinze siècles. A Pétersbourg surtout, l'influence atmosphérique est délétère au plus haut point. Elle s'y manifeste sur toutes les productions de l'homme. Les palais, les églises, les colonnades des maisons paraissent à l'œil des constructions fort antiques. Un siècle entier n'a point encore passé sur le plus ancien des monumens de Pétersbourg, et tous sont dégradés par l'action terrible de l'air. Depuis quelques années, on a pris l'habitude de badigeonner à neuf toutes les façades au renouvellement du printemps. Je suppose que cette restauration est commandée par l'autorité, car, à l'époque dont je parle, on voit une armée de badigeonneurs et de peintres en bâtimens, qui s'en vont replâtrant les murailles, refermant les fissures, effaçant les rides, prodiguant la chaux, le plâtre, les couleurs à ces malheureuses constructions, vieilles et décrépites avant le temps. Cette toilette, qu'annuellement on fait subir aux maisons comme aux monumens, donne à la ville un aspect de nouveauté, de fraîcheur et d'éclat qui surprend le voyageur : mais à la longue on finit par reconnaître la vieille coquette, et le sourire de la pitié vous venge de la confiance bénévole que vous aviez mise à admirer les friperies, la perruque et les dents postiches de la malheureuse. C'est l'histoire de la courtisane à vingt ans stigmatisée.

Maintenant, voulez-vous que je vous parle de la société? Je dois à ma conscience de vous mettre en garde contre ce que je vais vous dire. Il n'y a que dix jours que je suis ici, et c'est à peine si j'ai entrevu un coin du tableau que je voudrais esquisser. Ce que je vais dire, je le dirai avec naïveté.

La première fois que je me trouvai en société russe, c'est à l'occasion d'un dîner que donnait à deux architectes français un jeune compatriote de nos amis, depuis long-temps placé chez un des ministres de l'empereur à titre de secrétaire, de confident, de bibliothécaire, d'indispensable enfin. S. Exc., comme vous le supposez bien, n'était pas du dîner. Je m'y vis avec MM. de M. et P., les architectes en question, le professeur dont je vous parlais tout-à-l'heure et l'ami charitable qui, depuis mon arrivée ici, m'a servi de guide, d'introducteur, de conseil et de protecteur. Il se passa des choses étranges. Notre jeune compatriote, car je dois commencer par lui, était complètement aviné et, tranchons le mot, tout-à-fait ivre, quand nous nous présentâmes pour dîner. Oui, c'est, à ce qui paraît, une destinée fatale qui pèse sur tous les étrangers à imagination vive qui se résignent ou que la fortune contraint à vivre en Russie. L'esprit y manque d'aliment. Si j'en crois ce que l'on me dit, il faut boire pour s'endormir, pour oublier : et bien des gens du plus bel avenir, poussés à Pétersbourg, sont tombés au dernier rang de l'abjection, par suite des distractions qu'ils ont cru devoir demander au dieu joufflu de la treille. — Pour faire court, notre amphitryon était dans un état à ne pouvoir ni recevoir ses invités, ni faire le plus petit acte de politesse. Cependant le dîner était servi : il fallut s'asseoir. Les quatre autres convives, dont je ne vous ai point encore parlé, étaient tous de jeunes seigneurs russes portant écharpe et frac élégant : aides-de-camp, colonels, ou tout autre chose équivalent. — Le dîner fut froid, embarrassé. L'hôte, assis dans un fauteuil, la tête tombante sur l'estomac, et témoignant de sa présence par de fréquents hoquets, ne contribuait pas peu à retarder l'expansion. Cependant, peu à peu l'on se prit à jaser et surtout à boire. L'église de Saint-Isaac, dont les architectes français dirigeaient les travaux, fut le premier objet sérieux de conversation, et la matière prêtait. On la quitta pour parler (et cette fois-ci messieurs les Russes eurent le dé) de la gendarmerie et de la police de France. C'est une chose surprenante comme ces aimables étrangers connaissent bien nos bons gendarmes et nos honnêtes apôtres de la rue de Jérusalem! J'appris là des choses que huit années de séjour à Paris ne m'avaient pas révélées. Ces messieurs font grand cas de notre gendarmerie; ils en estiment l'ordonnance et en prisent fort le bon esprit. La police française leur laisse plus à désirer. Ils ne conçoivent point une police chargée d'arrêter un filou, un assassin, et qu'on emploie encore à l'exécution des mandats d'amener, aux arrestations constitutionnelles! Le fait est qu'il y a peut-être bien quelque chose à dire là-dessus. Il paraît qu'en Russie cela se passe autrement. — Du reste, les libations se succédaient. On se prit à porter des toasts. Les figures de nos officiers s'enluminaient. L'un d'eux porta la santé de l'empereur, chacun dut se lever. L'un de nous porta celle du roi de France : l'un d'eux resta assis, de là tumulte. Nous autres Français, peu charmés de la sublimité des institutions de la police et de la gendarmerie, en tant qu'instrumens politiques, nous eussions peut-être passé par là-dessus et fermé les yeux sur l'inconvenance du procédé russe. Mais notre hôte avait le vin plus susceptible que nous : depuis que les toasts avaient commencé, il avait repris son verre. Indigné de l'outrage qu'un mince aide-de-camp faisait à la noble couronne de France, il dit à son impertinent convive : « *Serge,... c'est pas parlementaire... tu es un cochon !!* » — Serge répond par une gorgée de champagne qu'il lance à la face de l'amphitryon, non sans aspersion divergente ! Riposte de la part de l'autre : les voisins en ont leur part. — Alors vous eussiez vu les plats, les bouteilles, les verres précipités de toutes parts sur les meubles, les glaces et les tapis : chacun s'empoignant à bras le corps et se ruant au bruit de mille imprécations ! Il est toutefois bon de vous dire que, dès le commencement de cette scène, nous étions tous partis, à l'exception d'un seul d'entre nous assez piqué au jeu pour ne pas abandonner si volontiers la partie. — Nous sûmes de lui, le lendemain, que le reste de la soirée s'était passé fort agréablement. — Pendant la mêlée, le coup de feu, on était venu annoncer que de nouveaux amis venaient prendre le café. A cette nouvelle, tous débats avaient cessé. On s'était embrassé, essuyé, nettoyé, puis on était allé au salon, où le reste de la soirée fut, à ce qu'il paraît, du dernier convenable. — Je m'en rapporte à ces messieurs.

Ve LETTRE. — L'AIMABLE VICTOIRE.

Novembre 1829, rade de Kronstadt.

> Entre un homme qui part et un homme qui arrive, il y a le gouffre de l'immensité : il y a des mers, des bois, des cavernes, des volcans, des abîmes ; il y a la mort, l'enfer et une multitude d'autres petits inconvénients du même genre.
>
> (L'Auteur.)

Enfin, mon sort est décidé! Voici bientôt le jour où je quitterai le sol inhospitalier de la Russie. Eh bien, mes chers amis, auxquels je suis redevable d'avoir vu de près cet aimable pays, recevez ici mes humbles et sincères actions de grâces! Malade comme je suis, après tant d'odieuses persécutions, me voilà, moi, frêle, inoffensif individu, jeté comme un vil criminel sur un bâtiment dont je ne connais ni la solidité, ni la destination, et cela à une époque où les plus intrépides marins ne mettent à la voile qu'en tremblant. En vertu du pouvoir que j'ai donné sur moi aux généreux habitans de cette contrée, je me vois condamné à toutes les chances d'une très périlleuse navigation, aux mortels ennuis d'une traversée incertaine, à pis encore, puisque, je le répète, je suis malade.

C'est ici, en vue de Kronstadt, que je commence cette lettre: mais où et quand la finirai-je? Dieu le sait!

J'apprends que le bâtiment est français et qu'il a pour nom *l'Aimable Victoire*. Cela me rappelle *l'Aimable Constance* qui m'a conduit à cette même rade, il y a quinze mois. J'arrivais alors et je pars aujourd'hui. Porte qui se ferme, porte qui s'ouvre..... Cette fois-ci, c'est encore celle de l'Océan. *L'Aimable Victoire!* Il n'y a rien de trompeur comme les enseignes. Je dispense mon vaisseau de la moitié des qualités qu'il annonce, de l'amabilité : qu'il sache seulement vaincre les flots du golfe de Finlande et de la mer Baltique! Le capitaine, Normand de naissance et de métier, a destination pour le Hâvre. Le navire est assuré, sa cargaison l'est également; c'est très satisfaisant : on ne dit pas si les passagers ont le même avantage. Malgré tout je voudrais bien me voir au but, quel qu'il soit ; sur la plage où doit nous jeter le *vent debout*, comme ils le nomment, vent de nausées et de découragement, malgré lequel le capitaine veut mettre demain à la voile. Ces marins ne sont arrêtés par aucune considération, l'intérêt est leur seul mobile..... Aussitôt notre débarquement, me dit le second, un nouveau chargement, dont à notre défaut on commissionnerait un autre navire, nous attend au Hâvre pour Marseille !..... Vous concevez qu'il n'y a pas de mauvais temps qui puisse nous arrêter. — Si ce n'est, dis-je, les glaces de la Baltique que nous rencontrerons peut-être en chemin, ou quelque petit naufrage dans le golfe de Finlande! « Oh l'passager! oh! »

Ils ont raison ces gens-là! est-ce que j'ai plus qu'eux des motifs de redouter une catastrophe? Que me fait la vie? l'ai-je goûtée? la goûterai-je? quand? où? comment? Non, non, plus d'illusions, n'ai-je pas mille raisons de haïr tout ce que je vois, tout ce qui m'entoure? Qu'ai-je à espérer ? rien. Et pourtant, je n'ai pas trente ans!

Mais, quoique je sache accueillir la détresse, la misère, et cela sans effroi comme sans étonnement, quoique les aspérités de la vie, les fluctuations de la destinée m'aient assoupli le caractère, acclimaté à l'adversité, je l'avouerai, dans ce moment-ci, je me sens abattu. Il faudrait que je puisse rire ou du moins me distraire..... Que me font, au fait, les injustices du sort et les méchancetés des hommes, n'avais-je déjà point éprouvé les unes et les autres et le rire oublieux ne m'en avait-il pas vengé? Le rire est la vie du Français, le rire est mon refuge, à moi surtout misérable, moi, que le génie du malheur accompagne en tous lieux. Mais, je le sens, c'est en vain que je voudrais donner à mon imagination quelque délassement, cette pensée de plomb qui pèse sur mes souvenirs, cette ignoble et méprisable intrigue dont je suis la victime, ce ciel inique, cette vie errante et vagabonde, tant de misères à la fois m'accablent et me tuent ! Et puis, il faut bien le dire, le mal de mer. Car voilà le risible, c'est que de tous mes chagrins le mal de mer puisse être ce que je sois disposé à souffrir avec le moins de résignation ! C'est étrange, n'est-il pas vrai, eh bien ! c'est la vérité. Je me le rappelle fort bien ce misérable mal, il m'avait fait jurer de ne plus jamais remettre les pieds sur un navire ; il relâche les fibres, détend les nerfs, affadit le cœur ; il éteint le goût, l'enjouement, il ébête, il abrutit. Déjà cette odeur de goudron sur le pont, de renfermé dans la cabine, ces exhalaisons d'une fadeur indéfinissable me saisissent et m'offusquent. Je paraîtrais bien faible à quiconque pourrait voir ce qui se passe en moi, mais, je l'ai dit, je suis malade. Puis, quoique fait aux injustices, je n'ai jamais subi l'outrage et ces jours de persécution m'ont démoralisé. Je n'ai plus ni énergie, ni confiance, comment pourrais-je espérer en quelque chose, en quelqu'un, quand je désespère de moi-même.

Cette position que j'occupais en Russie, je la devais au hazard, au caprice d'une vieille folle, d'un ridicule et superstitieux vieillard ; mon mérite n'y était pour rien. Car ce mérite, dont quelques sottes créatures m'avaient affublé, où donc est-il ? Que sais-je ? De quoi suis-je capable ? Ai-je pu seulement me faire un protecteur, un ami ? Si je meurs de douleur, de faim ou de misère, est-il un homme riche qui veuille jeter sur moi le moindre regard de pitié ? Ai-je un ami pour me soutenir, pour m'égayer, me rafraîchir de ses consolations, de ses paroles d'ami ? hélas ! un !

Il y a pourtant des gens qui sont heureux dans leur patrie, qui y jouissent de l'aisance, de la santé, d'une femme qu'ils aiment, d'un ami qui les chérit ! Il y a des gens qui vivent des jours de joie et de félicité !..... Ceux-là ne remercient personne de leur position ; elle leur est due, elle leur est légitimement, naturellement acquise. Croient-ils en Dieu, ces gens-là ? Croient-ils à l'âme ?

Je ne veux certainement pas retourner en France. Qu'y rapporterais-je? Nulle connaissance acquise, nul espoir d'y trouver à me caser. Et puis, à l'autorité de qui en appellerais-je, moi, que la protection d'un ambassadeur et la bienveillance d'une princesse n'ont pu sauver d'une misérable délation ?

Je n'ai plus aucun genre d'espoir à nourrir en France. Qu'irais-je y faire ? La curiosité m'accueillera, on me questionnera ; je raconterai mon infortune ; je serai vrai, sincère, on n'en croira rien. Qu'a-t-il donc fait, demandera-t-on à des personnes auxquelles j'aurai dit ce que je connais de mon aventure..... Oh; vous ne savez pas, dira l'un.....? Il a trempé dans une méchante affaire..... On prétend, dira un autre, qu'il a voulu séduire une jeune fille..... Bah ! — Oui, la fille d'un général. — Eh non ! interrompra un troisième, voilà ce que c'est : il a dit en plein café que l'empereur Nicolas avait étranglé son père, empoisonné son frère !..... Je sais moi, ajoutera un quatrième, qu'il a comploté, conspiré contre la sûreté de l'État..... Mais non, affirmera un autre, c'est pour moins que tout cela..... On a tout bonnement su qu'il avait mission d'espionner et de vendre aux journaux français les secrets de la Russie. — En tous cas, diront les plus bienveillants de la société, il faut bien croire qu'il a commis quelque mauvaise action, car nulle part on ne sévit comme on l'a fait à son égard contre un homme à qui l'on n'a rien à reprocher. — C'est incontestable, c'est une vérité.

Voilà la réception qui m'attend à Paris sans doute, et le capitaine de *l'Aimable Victoire*, aimable lui-même et franc comme un Normand, me l'a déjà fait entendre. La bonne volonté de mes chers compatriotes n'ira pas jusqu'à soupçonner la possibilité d'une jalousie, d'une cabale contre un homme de ma sorte. On aimera beaucoup mieux m'attribuer tous les crimes imaginables. La probabilité y gagne et la malice aussi.

Et les hommes, morbleu, sont faits de cette sorte !

Non, je ne retournerai point à Paris..... je m'arrêterai à Copenhague. Il ne sera peut-être pas plus difficile de vivre là qu'ailleurs..... c'est encore un pays nouveau pour moi. Si je ne parviens pas cet hiver à m'y créer un genre de vie quelconque, et que le regret ou le besoin de mon pays se fasse trop sentir, au printemps, je me remettrai en mer, je retournerai en France. Alors je rejoindrai ma famille, à laquelle je raconterai les plaisirs que j'ai goûtés sur la terre étrangère, les souvenirs que j'en conserve, l'or que j'en rapporte. — C'est un point arrêté, je ne continuerai point cette traversée. Une fois à Elseneur, et c'est l'affaire de quatre jours pour y arriver, je mets le pied à terre et laisse mon capitaine normand et son *Aimable Victoire* se débattre à leur gré sur les flots de la mer du Nord.

Malgré le vent contraire qui nous avait retenus dans la rade, la fin de la journée était belle pour la saison. La nuit ne fut pas de même. Le vent mugissait, et la plage au loin retentissait du bruit des vagues. Cependant, au point du jour, on mit à voile. La mer n'était pas tenable, aussi, vers dix heures, fûmes-nous obligés de revenir nous abriter vers la rade. Le lendemain mardi, même épreuve, même résultat, et nous restons 24 heures encore en vue de Kronstadt. Le mercredi, calme plat. Au matin, tout dormait, l'équipage et *les vents et Neptune*. Il paraissait écrit que nous ne sortirions pas de ce pays. Cependant, peu à peu la brise s'élève, le vent nous devient favorable, le ciel s'éclaircit, un soleil pur de tous nuages anime de ses rayons un spectacle digne d'admiration. Malgré l'oppression de mon âme et les divers sentiments dont je suis combattu, je ne puis me défendre de promener un dernier regard sur cette inhospitalière contrée. Ici, des bricks et des bâtiments de commerce..... là, des frégates et des corvettes de guerre. Plus près, des nacelles, des barques, des canots de toute dimension se croisent de mille et mille manières. Ce sont des jeux, des défis, des joutes..... Il semblerait la rade de Venise, n'était la température, n'était le zéphir boréen, n'était surtout le si doux souvenir de Kronstadt. Puis, ces pavillons flottants, puis ces cris, ces chants des matelots saluant la brise qui va les éloigner de la terre étrangère et les ramener aux foyers chéris..... Puis ces forts garnis d'artillerie, ces murailles crénelées que défendent mille bouches à feu ?

Cependant, l'ordre est donné, nous allons sortir une troisième fois de la rade..... mais qu'y a-t-il de nouveau ? Durant la nuit, la flotte russe est sortie du bassin qu'elle occupe à l'extrémité du port et s'est avancée sur la rade qu'elle couvre presque en entier ; des fanfares se font entendre, le canon gronde et celui de la forteresse y répond. Que se passe-t-il donc? L'escadre anglaise a-t-elle encore une fois forcé le détroit du Sund? Menace-t-elle le fort Kronschtad..... ? L'air est ébranlé, l'atmosphère obscurcie..... Les employés de la douane, venus du vaisseau qui stationne à l'extrémité de la rade, nous apprennent qu'on reçoit à l'instant la nouvelle de la paix entre la Russie et la Sublime Porte. Le héros des Balkans, le fameux Diebitsch, est attendu à Moscou, à Pétersbourg, où des arcs de triomphe, des couronnes et des lauriers lui sont préparés. Il leur faut du vin, du schnaps à ces messieurs pour fêter dignement leur illustre général.

Au milieu des chants, des éclats de voix qui se mêlent avec les sons de la musique et le bruit de l'artillerie qui gronde sur tous les points, au milieu de scènes qui pour être décrites voudraient la plume colorée de Jules Janin, moi, sombre, triste, abattu, dévoré d'impatience, je m'écriais : Eh ! quoi, nous ne nous éloignerons jamais de cet infâme pays ?..... N'aurai-je toujours sous les yeux que ces habits verts, ces ignobles faces de soldats et d'esclaves ! Ce hideux squelette de la Russie me poursuivra-t-il encore longtemps ? Je m'étais plu quelques instants au spectacle qu'offraient le port et la rade, mais alors je ne songeais plus à la dernière visite des douaniers à laquelle nous étions de nouveau soumis pour être rentrés dans le port ; à ces vils et détestés habits verts dont le rapprochement, la vue, l'odeur et le contact me donnaient des accès de haine, d'horreur et de dégoût.

Enfin, leur odieuse visite faite, favorisés d'une bonne brise nous prîmes le large, moi chantant, plein de joie et d'espoir.

Que saint Marc et la Madone soient en aide au gondolier !

Car voilà comme je suis, défait, écrasé sous le chagrin et

l'ennui, puis un quart d'heure après, gai, folâtre, bouffon, foulant aux pieds les sentiments haineux, les importuns souvenirs, les préjugés, la prudence et la raison. O tête fragile, créature faible et digne de compassion !

Cette brise nous tint vingt-quatre heures en espoir ; après quoi le vent changea de nouveau et nous chassa avec tant de violence entre les petites îles qui se trouvent non loin des côtes de Carélie et les récifs qui les environnent, que la crainte d'aller nous y briser détermina le capitaine à nous laisser échouer sur un banc de sable, non loin des feux de Frédérichsamn.

J'étais déjà si fatigué des marches et contremarches du navire et du roulis continuel de la mer que je n'attachais plus le moindre intérêt à notre position. Pourtant le vent s'étant un instant apaisé, il vint à *calmir*, comme disent les marins, et des secours nous arrivèrent. Mais nous étions restés trop longtemps ensablés pour qu'il fût possible de dégager le navire sans autre formalité. Pour l'alléger et le remettre à flot, il fallut se résoudre à de grandes pertes. On le déchargea d'une centaine de sacs de blé, de tous les agrès, tonneaux, mâtures et objets de tout genre dont l'usage n'était pas indispensable et qui surchargeaient le pont. Ce spectacle me souriait. Oui, pourquoi cacherais-je ici mes sensations ? Il me faisait plaisir de voir ces sacrifices de l'intérêt et de l'avarice au sentiment de la conservation personnelle, à cet amour de la vie qui dévorait tous ces braves gens, comme si la fortune et la prospérité devaient les accueillir au retour. Puis, j'avais encore été tiré de mon apathie par une autre observation. Ces pêcheurs, ces pilotes qui s'étaient présentés pour nous tirer du mauvais pas où nous étions, avaient amené dans leurs embarcations des femmes et des enfants, ce qui m'avait d'abord singulièrement surpris, car enfin, la mer, grosse encore, n'était pas sans danger..... Je ne fus pas longtemps sans reconnaître dans quel but ces Finlandais nous avaient rendu visite. A mesure que nos gens précipitaient un sac de froment à la mer, il fallait voir ces femmes, armées de harpons, les arrêter au passage, se suspendre de leurs nacelles dans l'eau, au risque de se voir entraîner, et, malgré la violence des vagues, arracher à la voracité de la mer cette proie qu'elle allait engloutir pour toujours, cette proie qui du moins assurait pour l'hiver leur douteuse existence. Je les encourageais de la voix et du geste, malgré la mauvaise humeur du capitaine qui se manifestait en jurements et menaces contre ces pauvres gens..... Quoi qu'il en soit, après quatre heures de retard et de travaux, *l'Aimable Victoire* fut remise à flot, et nous reprîmes le large.

Après de si malencontreux commencements, tu t'imagines peut-être nous voir débarquer à Elseneur sans autre contrariété. Au fait, qui ne le croirait? Parvenus à la hauteur de Helsingfors, il ne nous fallait plus que quelques heures pour sortir du golfe et entrer dans la Baltique. Mais bientôt le *vent debout* nous reprit et nous tint avec tous ses agréments six jours dans les mêmes parages. Dans la nuit du septième, épuisé de fatigue et de dégoût, j'étais plongé dans un sommeil léthargique que les horribles balancements du vaisseau purent seuls interrompre. L'équipage était aux abois. Qu'y pouvais-je faire? J'avais prévu, lors de notre embarcation, tous les ennuis et les périls de notre traversée. On avait ri de mes craintes. Ce n'était pas le moment de se plaindre ; mes tristes et maussades sorties contre la destinée n'auraient point avancé les choses. Je me mis à évoquer tous les souvenirs gracieux, toutes les images fantastiques et riantes dont mon imagination pouvait s'amuser, et, bercé par ces doux mensonges qui me faisaient oublier la triste réalité, je parvins à braver l'effet du roulis et à gagner le point du jour.

L'horizon surchargé de gros nuages semblait ne pouvoir plus s'éclaircir. La mer était houleuse, des flots noirs et verdâtres s'amoncelaient avec furie, et, vers midi, tout le golfe n'offrait plus qu'une vaste nappe d'écumes blanches creusées de vagues sans fond..... Cependant, sur le pont, cramponné après un énorme câble que j'embrassais de mes deux bras, je cherchais à me familiariser avec cet horrible spectacle..... Je contemplais cette écume des flots, amassée dans la profondeur des abîmes, qui, bientôt balayée par la fureur des vents, volait, dispersée en flocons dans les airs. Vous eussiez dit un déluge de neige.

Le navire présentait sa proue aux flots qui se creusaient sous lui, s'enfonçait de manière à faire croire qu'il s'engloutissait, puis soudain, reporté par une immense montagne d'eau, il s'élevait à une hauteur prodigieuse, pour être aussitôt replongé dans l'abîme. Puis, ajoutez à cela les horribles mugissements du vent, les effroyables cralements des mâts qui semblaient à tout moment se briser en éclats..... Et pourtant des gens disent qu'ils aimeraient un tel spectacle, et pourtant le poëte le plus rempli de doux sentiments et de beaux vers s'est écrié :

Oh ! qui m'emportera sur les flots sans rivages !
Quand pourrai-je la nuit, aux clartés des orages,
Sur un vaisseau sans mâts, au gré des aquilons,
Fendre de l'Océan les liquides vallons !
M'engloutir dans leur sein, m'élancer sur leurs cimes,
Rouler avec la vague au fond des noirs abymes,
Et revenir cent fois, par les gouffres amers,
Flotter comme l'écume au vaste sein des mers !

Au diable soient les poëtes romantiques de trouver cela beau ! je le leur céderais de si bon cœur le *vaste sein des mers !*

Vainement le capitaine ordonnait-il différentes manœuvres pour gagner l'abri de l'île d'Agho dont nous n'étions éloignés que de quelques milles, la violence du vent et l'eau qui tombait par torrents empêchaient sa voix de se faire entendre. D'ailleurs le navire faisait eau de tous côtés ; l'usage de la pompe devenait insuffisant, il allait devenir impossible. Après avoir épuisé tous les jurements du vocabulaire de marine, le capitaine, voyant ses ordres méconnus, voulut se mettre lui-même à la pompe. Il fallait pour cela entrer dans l'eau jusqu'à la ceinture, ce qui ne pouvait l'arrêter. Mais une horrible rafale, qui brise le mât de misaine, fait voler en éclats les parois de la cuisine du Krùg, des babords et des tribords, le renverse lui-même et le précipite sur les dernières marches de l'escalier de la cabine. Ce n'était pas le moment de faire des bouffonneries..... Je le vis donc se relever et dire : *Diable! f.... temps!* Sans avoir le moins du monde envie de plaisanter..... et comme aurait pu le faire mon oncle Tobie ou l'ami Horeau en pareille circonstance, je me contentai de répéter à demi-voix : Oui, ma foi, f.... temps!

Au milieu de l'obscurité qui régnait déjà depuis quelques heures (car la nuit était venue), il ne restait plus qu'une chose à faire, c'était de jeter toutes les ancres à la mer afin d'essayer de se tenir contre le vent; car je crois avoir oublié de vous dire que, pour ajouter au charme de notre position, depuis quelque temps on s'était aperçu que des rochers montraient de distance en distance leur tête chenue, et menaçaient de nous donner le coup de grâce.

La manœuvre des ancres, réclamée depuis longtemps par l'équipage, se fait en un clin d'œil. Mais à peine est-elle exécutée, qu'un furieux coup de vent fait couler le navire sur les câbles au bout desquels pendaient les ancres, et le frottement les use et les coupe avec autant de facilité que vous couperiez avec des ciseaux une légère ficelle. Alors, vous nous eussiez vus, sans voiles ni mâture, jetés comme une coquille de noix sur *le vaste champ des mers.*

En vain le capitaine crie, tempête, hurle, les matelots n'y sont plus, ils brisent avec des haches les câbles qui suspendent la chaloupe, la jettent à la mer et vont s'y réfugier, quand une vague l'élève à cent pieds et la fait pour jamais disparaître à leurs yeux. Le contre-maître lui-même, n'espérant plus de miracle, se hâte de grimper au haut du mât de perroquet, le seul encore debout, afin d'être le dernier englouti si le vaisseau vient à s'abymer..... Tout le monde entrevoit avec horreur le dernier moment qui s'avance..... Le capitaine et moi sommes les seuls calmes. Le capitaine par état, par raison, par force de caractère, moi par entière abnégation d'une vie dont j'avais fait le sacrifice, par une indifférence en un mot qui n'avait même rien de courageux ni d'héroïque.

Que vous dirai-je ? Cet état ne pouvait durer longtemps, nous devions être, en moins de temps que j'en mets à vous le dire, submergés ou brisés contre les rochers. Il y eut cependant un instant de silence..... Silence horrible, il est vrai, si vous voulez bien considérer notre position..... le contre-maître, hissé au mât de perroquet, profitant de la lueur des éclairs pour observer notre position, interrompait ce silence par ces mots sinistres qu'il nous jetait : Un rocher ! un rocher !..... Et le capitaine seul, au gouvernail, luttait encore ! Au bout de quelques minutes, qui nous parurent des heures, une nouvelle bourrasque brisa le gourvernail, le navire parut sombrer sous voiles, tout ce qui se trouvait de mobile sur le pont fut précipité dans l'abyme et *l'Aimable Victoire* fut lancée à la côte.

Quand l'équipage fut un peu remis de ses émotions, on s'occupa à vider l'eau qui remplissait la cale et le pont. Le navire, dont la proue était enterrée dans le sable sur une côte presque nue, donnait encore de fréquents coups de talon et nous avions à craindre qu'il ne touchât au rocher..... mais le reste de la nuit se passa tranquillement et nous nous livrâmes au repos, après un souper qui ne fut pas sans charme pour chacun de nous.

Le lendemain avant le jour des embarcations vinrent à nous. C'étaient des gens de la côte qui accouraient nous offrir des secours.

VIe LETTRE. — MÉMEL.

Le 8 janvier 1830.

MA CHÈRE MAMAN,

Je puis enfin aujourd'hui vous écrire et vous informer de ce que je suis devenu. Je sais que la lettre dont j'avais chargé un capitaine de navire à Cronstadt, faisant voile pour la France, ne vous est point parvenue, ce capitaine ayant, comme je viens de l'apprendre ici, été obligé de relâcher et d'hiverner dans l'une des îles de la Norvège. Cette lettre, il est vrai, n'aurait que contristé votre cœur; celle-ci doit, en vous apprenant le plus important de mes aventures, vous rassurer et vous prouver que, grâces au ciel, je suis encore échappé, pour un moment, à l'adversité.

J'étais à Moscou l'enfant gâté des personnes chez qui je me trouvais : on me le répétait tous les jours, on m'accablait de compliments, de protestations, de cadeaux. Il y avait dans ces marques d'intérêt une exagération ridicule qui me suscita des envieux et des ennemis. Personne cependant n'avait été moins offensif que moi; je n'avais pu choquer quelqu'un que par mon trop de réserve et ma trop grande modestie. Dans ce pays-là, il faut dire de soi : « *Je suis un génie; j'ai du talent; les autres ne sont que des ânes; moi seul suis un prodige.* » — On se révolta qu'un homme, dont beaucoup de personnes faisaient un éloge exagéré, fut aussi simple, et aussi ennemi des louanges; on supposa qu'il ne serait pas difficile de le renverser et l'on dressa des batteries.

J'ignore encore d'où le coup est parti. Je ne me connaissais pas d'ennemi, je n'ai blessé qui que ce soit; cependant l'on m'a dénoncé et l'on m'a hideusement calomnié. Quand je réfléchis à ce complot, je ne puis éprouver que de l'horreur et du dégoût pour les personnes que je soupçonne. Vous les désigner ou faire connaître serait trop long et m'obligerait à des récits qui ne peuvent pas trouver place dans une lettre et qui seraient bien placés seulement dans un livre, si j'ai jamais le loisir de le composer.

Un beau jour, on me demande à la police dès six heures du matin : — « Avez-vous de l'argent? me dit assez brutalement une Excellence (on ne voit que cette sorte de gens là en Russie). — A quoi bon cette question, mon Général? — C'est que nous avons l'ordre de vous faire voyager.— Qu'entendez-vous par ces paroles? — J'entends que vous avez 24 heures pour mettre ordre à vos affaires, et qu'après cela vous serez, sous bonne escorte, conduit à la frontière. — Eh! grand Dieu ! pour quel motif?.. — Ce n'est pas mon affaire, c'est un ukase impérial,arrivé cette nuit de Pétersbourg. »

Vous dire mon étonnement, celui de nos parents et amis, c'est ce qu'il m'est impossible. Il ne fut cependant pas plus grand que celui de la princesse et de la générale. J'adresse à la hâte une réclamation au prince Galitzin, général gouverneur. La princesse et la générale mettent en avant leur crédit, font courir leur amis, intéressent pour moi une infinité de hauts personnages, et le résultat semble répondre à leurs vœux. Le prince, qui s'est fait rendre un compte précis de ma manière d'être à Moscou, qui a accueilli les témoignages de bienveillance qu'une foule de gens ont déposés en ma faveur, prend sur lui de surseoir à l'exécution de l'ukase et adresse un rapport à Pétersbourg, dans lequel il énonce la persuasion qu'il a qu'on s'est trompé de nom et que je ne suis point dans le cas d'être exécuté de cette façon. Cependant la police est chargée de me surveiller et l'un de ses affidés est créé mon garde-du-corps particulier : ce monsieur mange à mes côtés, me suit en classe, en ville et dans tous mes mouvements, et cela pendant plus de quinze jours; deux sentinelles en outre sont placées à la porte de la maison et une troisième sous la fenêtre de ma chambre. Réponse au rapport du prince n'arrivant pas, on me délivre de mes surveillants et tout fait croire que, revenu de l'erreur qu'elle a commise, la police de Pétersbourg veut que cette ridicule affaire soit à jamais oubliée : le grand-maître qui m'avait le premier communiqué les ordres m'engage à ne pas faire de bruit de cette méprise et à ne pas compromettre des personnes qui se sont trompées, mais qui sont revenues, sur mon sujet, à des opinions bien favorables.

Au bout de six semaines, on vient me prendre, et je suis sous escorte conduit à Pétesbourg. J'adresse une supplique à l'empereur, mais elle se perd dans les cartons de la police qui, je ne sais comment, parvint à s'en emparer. J'espérais à Pétersbourg être présenté au général gouverneur, à notre ambassadeur qui me réclamait à grands cris, et peut-être même à l'empereur... ; mais mon officier de police me tient clos et claquemuré dans une petite chambre, et, après avoir été prendre l'air des bureaux de ses patrons, il me déclare que la moindre tentative de ma part pour sortir, recevoir des visites ou écrire à personne me sera imputée à crime, et lui vaudra la bastonnade. Ce ne fut pas cette dernière réflexion qui me rendit circonspect..., mais j'espérais que l'on consentirait à m'entendre. — A trois heures du troisième jour de ma détention, un homme à mine hétéroclite, qui portait sur son ignoble face ces mots que je n'ai jamais beaucoup aimés : *Je suis gendarme et mouchard*, vient avec les douces manières des gens de sa trempe me signifier l'ordre de le suivre : je crois qu'il va me conduire chez le grand-maître de police, et je ne conçois pas trop l'ordre qu'il donne de faire charger mes malles et effets sur une voiture de louage ; mais je suis bientôt désabusé ; il me prend en croupe, et en moins d'une demi heure, nous sommes à bord du bateau à vapeur faisant route pour Cronstadt.

A six heures du soir, nous sommes au but : on me remet entre les mains de l'aimable police du pays : que Paulin s'imagine ce que c'est qu'un repaire habité par des mouchards, des gendarmes, des esclaves, des mendiants et des scélérats que l'on schlague régulièrement deux fois par jour, en attendant le départ de la chaîne qui doit les conduire en Sibérie. C'est au milieu de tous ces facétieux personnages que je suis détenu huit jours, ne pouvant faire usage ni de plume, ni de papier. Ah ! mon cœur en est encore navré, et je ne sais pas comment je ne suis pas mort pendant ces huit jours !

Enfin le ....., le bâtiment français, *l'Aimable Victoire* mettait à la voile ; on me consigne à son bord. Le temps était peu sûr. Au bout de deux jours de navigation, force nous est de revenir relâcher à Cronstadt : nous repartons le lendemain pour revenir encore le soir même devant cet horrible Cronstadt. Enfin nous tentons de nouveau les flots et allons échouer à 20 lieues de là sur un banc de sable du golfe de Finlande : on sacrifie les marchandises, et l'équipage et le navire sont sauvés. Nous reprenons le large, mais pendant la nuit, ces vents contraires se croisent et la plus furieuse tempête nous ballotte pendant trois jours entre les rocs et les dangers de toute espèce. Les matelots harassés ne manœuvrent plus, le bâtiment va au gré du vent, nous frisons les rochers à chaque minute ; enfin, par un bonheur incroyable, notre vaisseau s'échoue dans un endroit où il n'y avait que du sable et cinq pieds d'eau : il s'enfonce dans le sable et désormais, quoique dans un état pitoyable, *l'Aimable Victoire* nous sauve d'une perte qui semblait assurée. Le lendemain, au point du jour, la tempête durant encore quoique diminuée de violence, nous nous trouvons à six portées de fusil de Reval, ville russe, capitale de l'Estonie.

Je passe sous silence les incidents de mon séjour à Reval. J'y fus toujours à la veille d'être remis en mer, tantôt sur un bâtiment anglais, tantôt sur un autre lubecquois... ; vous devez croire que j'avais de la mer assez. De feintes maladies, le zèle de quelques amis parvinrent à me sauver de là. Je séjournai deux mois et demi à Réval, ne sachant cependant ni où, ni quand, ni comment l'on me renverrait. C'est de là que, sur les sollicitations de personnes bienveillantes, je crus devoir adresser une nouvelle supplique à l'empereur : elle resta comme l'autre sans réponse. Enfin, le dimanche 3 janvier, ordre me fut intimé de me rendre à Riga, d'où l'on me transféra aux frontières; des frontières, je me suis rendu à Mémel où j'ai commencé à revivre.

J'étais décidé à me rendre à Copenhagne aussitôt l'ouverture de la navigation pour retourner de là en France, mais une nouvelle carrière s'est ouverte ici pour moi : on est venu m'offrir des écoliers, et l'on m'a engagé à donner des leçons.

Aujourd'hui, je prends le dimanche pour vous écrire; tous mes moments sont dévorés, et il n'y a pas quinze jours que je suis à Mémel. J'ai dix leçons d'une heure par jour et, outre cela, deux fois par semaine, un cours public. J'ai fait ces jours derniers l'ouverture de ce cours devant une affluence de monde tout à fait extraordinaire. J'ai des jeunes demoiselles de 18 à 20 ans, jolies comme les amours, de très respectables mamans de 50 à 60 ans, qui peut-être en valurent d'autres dans leur temps, de graves magistrats, de gros financiers, des commis, des acteurs et des gens d'église. On vient en équipages et il n'y manque que des gendarmes à la porte et quelque peu de talent au professeur, pour que mes soirées soient à la Villemain. — Je vous prie de me voir hissé dans ma chaire illuminée de quatre flambeaux dorés, devant moi le verre d'eau sucrée de rigueur, et me donnant l'importance d'un orateur de la société des bonnes lettres, lisant, déclamant, commentant, radotant, etc., etc.

L'homme est dans ses écarts un étrange problème ! Parmi mes écoliers et écolières, j'en ai qui ne comprennent pas un mot de français, de sorte que cela me force à étudier l'allemand, et c'est ce que je désirais depuis longtemps. On m'a déjà proposé une place à l'Université de Kœnigsberg, mais il faut pour cela un peu d'allemand, et je n'en sais pas encore assez : quand je serai au bout de mes cours ici, je compte bien trouver à Kœnigsberg ou tout autre part des moyens certains d'existence. Je commence à me persuader que je puis me tirer d'affaire partout à l'étranger, et je compte bien n'avoir plus besoin de l'appui ni des secours de ces protecteurs titrés dont l'assistance se fait si cruellement payer.

Adieu, bonne et tendre mère, pardonnez-moi les inquiétudes

que je vous cause. Pardonnez-moi mes malheurs : je ne me les suis point attirés, je vous le proteste. J'en appelle à la princesse Ouroussof, à la générale, au directeur du Gymnase qui, lorsque j'étais en prévention, pour déconcerter mes ennemis, me présentait comme candidat à la chaire de littérature alors vacante à l'Université ; aux témoignages mêmes de la police de Moscou dont le général disait à un ami de Depret qui l'interrogeait sur les motifs de mon arrestation : *La conduite de M. Paris m'est connue. Je sais jour par jour ce qu'il a dit et fait, et je voudrais que celle de mon fils fût aussi régulière.*

Enfin, que voulez-vous, chère maman, l'adversité sert à retremper l'âme ; elle instruit à bien user de la fortune quand elle se présente. Si vous aviez reçu de mes nouvelles plus tôt, elles n'eussent pu que vous contrister : celles-ci du moins sont plus rassurantes, elles vous montrent le bien à côté du mal, et le monde est ainsi fait.

Au reste, vous saurez que, depuis la lettre que vous m'avez écrite en m'annonçant la mort de M. Auger (1), je n'ai reçu aucune nouvelle de France ; vous voyez que j'ai au moins autant que vous sujet de me plaindre de l'inexactitude des postes. Je ne doute pas que quelques lettres n'aient été interceptées, c'est pourquoi je vous prie de me bien mettre au fait de tout ce qui vous concerne, chère maman, et de me servir d'interprète auprès de toute notre bonne famille. Mille et mille baisers de votre tendre et respectueux fils,

L. Paris.

(1) Secrétaire perpétuel de l'Académie française.

§ II

NOTES GÉNÉALOGIQUES

M. Louis Paris a consacré une partie de sa vie aux études héraldiques et généalogiques. Son nom restera attaché à celui de Charles d'Hozier, de François d'Hozier, de Guillard et de Caumartin, dont il a publié et réédité les œuvres; il sera cité avantageusement pour notre époque, à côté de celui des Borel d'Hauterive. Il ne paraîtra donc pas hors de propos de dire un mot de la propre généalogie d'un érudit qui a fait de curieuses et nombreuses recherches sur celles des autres. Aussi bien a-t-il laissé sur ce sujet des documents qui ne manquent pas d'intérêt et que nous avons pu compléter avec ceux que son neveu, M. Henri Paris, a mis obligeamment à notre disposition.

LIGNE PATERNELLE

Le nom Paris est assez commun en France et même à l'étranger. On le rencontre fréquemment chez nous, où il a tiré son origine des Parisii ou *Paris*, peuplade gauloise qui occupait une partie de l'Ile-de-France. On sait combien de noms propres proviennent du nom des lieux d'où venaient ceux auxquels on les a donnés.

Sans vouloir remonter plus loin, on trouve aux XVIe et XVIIe siècles plusieurs familles en Champagne, du nom Paris.

L'une était représentée par Jérome PARIS, personnage assez considérable, élu en l'élection de Châlons, et venant par une ligne bien établie du pays de la Hays.

Deux autres figurent dans l'armorial de Caumartin :

1° — PARIS, originaire de Champagne, seigneur de Forfray, élection de Sézanne.

Portant d'azur à la tour d'or surmontée d'un lambel de même, chargé de 3 roses de champ.

2° — PARIS, originaire de Champagne, seigneur de Muire, Saint-Fraize et Branscourt.

Portant de gueules en sautoir dentelé : accompagné de deux quintes feuilles, l'une en chef, l'autre en pointe, cotoyé de deux besans de même.

C'est à cette famille qu'appartenaient Mre Jérôme-Nicolas de *Paris*, chancelier, vicomte de Machault, Romain, seigneur de Muire, Branscourt et autres lieux, conseiller du roi en sa cour du parlement de Paris et première chambre des enquêtes, né le 7 juin 1695, mort le 16 août 1737, et à la même époque, le diacre *Paris* enterré au cimetière de Saint-Médard à Paris, en 1727, et dont le tombeau fit tant de bruit lors des querelles soulevées par la Bulle *Unigenitus*.

Une autre famille *Paris* existait dans le même temps en Bretagne et dans le Poitou.

Ses armes étaient : *A la croix de gueules cantonnée de quatre lionceaux de même, affrontés.*

C'est à cette famille qu'appartient la branche de *Paris* qui vint faire souche en 1710 à Coincy-l'Abbaye, diocèse de Soissons, et de là se fixer en Champagne.

René *Paris*, sieur de La Salle, vétéran des 400 gardes du roi, quitta le service à la mort de Louis XIV et se retira dans les environs de Poitiers, en 1717, auprès de sa fille Marie *Paris*, qui venait d'épouser la même année François René *de la Bussière*, seigneur du bois de Perches (1).

René *Paris* fut remplacé dans les gardes du corps par Jean-Jacques *Paris*, né à Latillé, en 1674, de Joseph *Paris* et de Marguerite *Baudray*.

Joseph *Paris* est décédé à Ayron près Poitiers, le 28 décembre 1708. La pierre qui recouvrait ses restes mortels fut employée comme palier de la croix de la Mission érigée sur le côté gauche de l'église de cette commune. En 1870, on lisait encore distinctement cette inscription :

« CI GIST LE CORPS DE JOSEPH PARIS QUI DÉCÉDA LE 28 DÉCEMBRE 1708, AGÉ DE 60 ANS. »

Son fils, Jean-Jacques *Paris*, après avoir servi comme maréchal des logis dans le régiment de dragons de Bonnelles, ci-devant Bellisle et Lestrade, entra dans la compagnie de M. le comte d'Estampes, comme garde du corps de S. A. le duc d'Orléans, régent du royaume. Blessé grièvement d'un coup de feu à la jambe au combat de Calcina, il fut reçu en qualité d'officier aux Invalides, le 9 juillet 1722, par ordre de Mgr Le Blanc, secrétaire d'État au ministère de la guerre (2).

D'après les papiers et les souvenirs de la famille, Jean-Jacques *Paris*, étant en 1710 à la tête d'un détachement des dragons de Bonnelles, de passage à Coincy-l'Abbaye au diocèse de Soissons, fut logé chez le maire de la commune, M. *Fronto-Gérard*, receveur général de la terre et seigneurerie de Coincy. Il ne fut pas insensible, paraît-il, aux charmes de Mlle Élisabeth *Fronto-Gérard*; il l'épousait le 15 juillet de cette même année.

(1) Extrait des titres fournis et justification de noblesse ancienne en may 1744. (*Bibliothèque nationale*, cabinet des titres. Portefeuille de la Bussière.)

(2) *V. Registre de l'hôtel royal des Invalides*, du 24 août 1721 au 3 septembre 1723, n° d'ordre 37,137.

Il en eut 4 enfants : trois filles, dont l'aînée Anne-Élisabeth *Paris* épousa, le 22 février 1729, Philippe *Féval*, conseiller du roi au bailliage de Châtillon-sur-Marne, et un fils, Jean *Paris*, qui naquit à Coincy, le jour de la résurrection de N. S., 1713.

Le 24 décembre 1735, Jean *Paris* épousa Marie-Marguerite *Pinon* douzième enfant de Simon Pinon, maire de Chaumuzy, et de défunte Marie-Marguerite Lecomte, dont un portrait du temps se voit à Avenay, chez M. H. Paris, l'aîné de la famille.

Sur un petit registre où M. Simon Pinon mentionnait les évènements importants de sa vie, on lisait :

« Le dernier dimanche gras, 19e de février 1708, ma femme « est accouchée la 1re année du bail de la recette de Chaumuzy, « y estant, sur les 4 heures de l'après-midi, d'une fille qui fut « tenue sur les fonts de baptême par Louis et Marguerite « Pinon, mes enfants, et fut nommée Marie-Marguerite. Dieu « lui fasse la grâce d'être fille de bien ou la mort plutôt... »

Sur une feuille plus loin :

« J'ai marié ma fille Mayon la veille de Noël 1735, avec « M. Jean Paris ; la noce s'est faite le mardi avant, à cause que « le consentement de son père n'est venu que la surveille de « Noël.

« Et le 6 octobre 1736, elle est accouchée d'un garçon que « j'ai tenu sur les fonts de baptême avec Mme *Féval*, sœur « de M. *Paris*, et a esté nommé Simon-Jean-Jacques. Dieu lui « fasse la grâce d'estre un homme de bien ou la mort plutôt. »

Dans l'*Histoire de Coincy* par M. A. de Vertus, *Laon 1864*, page 128, on lit :

« Anciennes familles :

« *Paris*, 1720, Fronto-Gérard, receveur de la seigneurie du prieuré de Coincy, maria sa fille Élisabeth à Jean-Jacques Paris, écuyer, garde du corps de Son Altesse royale Mgr le duc d'Orléans, régent du royaume. Ce jeune garde du corps appartenait à une famille du Poitou. Il eut plusieurs descendants qui furent notaires à Coincy, et baillis de la justice seigneuriale du marquisat d'Armentières. Cette famille n'a plus de représentants à Coincy, mais les descendants de M. Paris, ancien maire d'Avenay, se sont fait un nom dans les lettres. »

Jean *Paris* fut lieutenant de la justice et prévosté de Coincy.

Son fils, Simon-Jean-Jacques *Paris*, épousa le 19 février 1759 Thérèse *Gobin*, fille de feu Laurent Gobin, en son vivant docteur et maître en chirurgie à Coincy. — Il y remplit les fonctions de notaire de 1759 à 1803. Il laissa deux fils : le second, Louis *Paris*, qui lui succéda comme notaire, et l'aîné, Jean-Charles-Louis *Paris*, né à Coincy le 9 mars 1769, et décédé à Reims le 4 mars 1824.

Jean-Charles-Louis *Paris* fit ses études au collège des Oratoriens de Soissons, où il fut le condisciple du général Foy et de Saint-Just. Au début de la Révolution, il avait pris du service dans l'intendance. Il était préposé en chef aux approvisionnements de Mézières en 1792 et collègue de M. Auger, depuis secrétaire perpétuel de l'Académie française, qui tint sur les fonts de baptême son fils aîné. Il dut alors à la camaraderie de Saint-Just, bien que celui-ci n'épargnât guère ses amis, d'avoir échappé aux massacres révolutionnaires.

Il épousa en septembre 1793 Marie-Anne-Joséphine *Polin*, fille de Charles-Joseph *Polin*, notaire à Avenay, et de Françoise-Gabrielle Arnould.

Il en eut six enfants, cinq fils et une fille. Le dernier des fils était *Antoine-Louis Paris*.

LIGNE MATERNELLE

§ I

M. Charles-Joseph *Polin*, aïeul maternel de M. Louis Paris, provenait d'une ancienne famille d'Arc-en-Barrois, qui possédait la seigneurie de Saint-Étienne et une partie de celle de Giey-sur-Aujon, dont l'autre partie dépendait du marquisat d'Arc, qui du comte de Toulouse est passée au duc de Penthièvre, et de lui à sa fille, Mme la duchesse d'Orléans.

Notes généalogiques sur les familles Claude-Charles POLIN et Catherine de Giey de Villars, son épouse (1781)

(Extrait des Archives du Ministère de la Guerre.)

Gérard *Polin*, en l'année 1700, servait dans les équipages de l'artillerie des guerres de Bohême, il fut détenu prisonnier de guerre à Prague pendant deux ans.

Il possédait avant son départ, à cause du fief de Saint-Étienne situé à Giey-sur-Aujon, la totalité des dismes, le droit de prendre bois pour bâtir, rebâtir, et son chauffage à son choix dans les forêts du marquisat d'Arc, un moulin concurremment banal avec celui du seigneur, les droits de chasse et de pêche, chacun trois jours de la semaine : il fit faire dans le temps une simple opposition au décret de la terre pour la conservation de ses droits. L'arrêt du 4 septembre 1702 fut prononcé pendant sa prison ; à son retour, on lui conseilla de se pourvoir en cassation d'arrêt pour sauver ses propriétés. Comme il n'était question que de droits honorifiques, excepté le moulin et les bois à bâtir, et que c'était Mgr le comte de Toulouse qui avait acquis, il aima mieux céder ses droits que de plaider contre un si grand prince. Il mourut en 1720.

Pierre *Polin*, son fils aîné, après avoir fait ses études et ses exercices, épousa en 1728 demoiselle Marie-Jeanne Toussaint-*Petit*, à Condé en Hainaut, qui lui apporta en dot 60,000 fr. tant au comptant qu'en billets de banque, et quelques fonds en fief. Il y eut, lors du décry des billets, 45,000 francs de perdu, il chercha après cette perte à cultiver un domaine qui lui appartenait près de Giey. Il mourut en 1740, pourvu de la charge de conseiller, procureur du Roy au grenier à sel d'Arc, laissant sa veuve avec six enfants, un gros train d'agriculture. En 1742, la dame Polin vit évanouir une grande partie de sa fortune par une maladie épizootique qui lui enleva en quinze jours 90 bêtes à cornes qui faisaient le fonds de son domaine. — Elle se retira à Giey, et mourut chez une de ses filles qui avait épousé un directeur des mines de Bretagne et qui mort lui-même, directeur des mines du Couserans, a laissé une veuve avec cinq enfants.

La dame *Polin* mère avait pour bisaïeuls Jean *Garibaldo*, sénateur à Gênes, et Élisabeth *Grimaldy*, elle-même fille d'un nommé *Grimaldy* et d'une *Doria*. Ce Jean *Garibaldo* eut un fils qui s'associa avec un prince italien dans une de ces révolutions si communes les derniers siècles dans cette république, le prince se noya en sautant dans son vaisseau, Jean *Garibaldo* fut vaincu, et se retira à Lille en Flandre : sa fille, aïeule de la dame *Polin* mère, épousa Michel *Petit*, seigneur d'Autricourt et directeur général de la Chatelnie de Lille. Ils ont eu ensemble vingt-huit enfants, dont ils ont vu vingt-deux vivant à leur table et en âge viril. Le plus jeune des fils, officier de cavalerie, épousa Antoinette Renel de *Boully*, nièce d'Aléaume de *Boully*, chevalier commandeur de Malte (1). Il n'est issu de ce mariage que la dame Polin mère.

Claude-Charles *Polin*, après avoir fait son droit à Dijon, apprit l'art de la chirurgie, dans le régiment d'Alsace, et travailla pendant trois ans, tant dans le régiment que dans les hôpitaux militaires de Belfort, etc. Il quitta son corps pour se rendre à Paris, et de là en Flandre dans la famille de sa mère. Au mois d'avril 1757, il partit sans protection et sans emploi pour joindre l'armée française à Liège ; il se fit présenter à M. *Desport*, chirurgien en chef de cette armée, à qui il devint utile à cause de la langue allemande qu'il parlait facilement. Ce talent ainsi que sa science chirurgique le firent avancer promptement ; dans la même année, il se vit (après trois grades) le chirurgien aide-major favori du chef, dispensateur des grâces, chargé du détail de la chirurgie militaire, des bords de l'Elbe aux bords de la Meuse, en correspondance immédiate avec le ministre et les bureaux. M. *Desport* quitta l'armée par ordre de la reine dont il était le premier chirurgien ; *Polin* fut demandé pour chirurgien major dans le régiment de cavalerie de Chabrillant. En 1762, ce régiment fut incorporé dans royal-cravattes. Les bontés dont l'honoraient M. le comte de Tessé n'empêchèrent pas M. le marquis de Foyanne de le réformer. De retour dans sa famille, il offrit ses vœux à demoiselle Catherine de *Giey*, fille d'une maison peu fortunée, mais qui avait les plus belles alliances. Il obtint son épouse avec une dot de trente-cinq mille livres. Les dépenses qu'il avait faites pour soutenir et placer ses frères et sœur avaient absorbé ce qu'il avait économisé à l'armée. Il ne lui restait (à quelque chose près) pour lui, son épouse, quatre enfants et deux domestiques, en 1776, que la dot qui, métamorphosée en fonds de terres et en maison, lui faisait un médiocre revenu. C'est à Son Altesse sérénissime Mgr le Duc de Penthièvre, en souvenir des concessions faites par son père

(1) Jean Boully, seigneur de Surhon en Flandre, avait été anobli en 1400, par Charles-Quint.

ATTENTION : INCOMPLETUDE DU TABLEAU QUI SUIT EN RAISON D'UN MAUVAIS MONTAGE AVANT RELIURE

POUR LES DATES MANQUANTES VOIR TABLEAU APRES PAGE 62

Famille POLIN

I

Pierre Polin,
de Saint-Loup, diocèse de Langres
1630-1719

II

Gérard Polin,
seigneur de Saint-Étienne, de Giez-sur-Aujon
conseiller du Roy,
marié en 1682 à Marie Guyot
1660-1719

III

3
Gérard Polin

2
François Polin
de
Walbruant

1
Pierre Polin
conseiller du Roi
marié à Marie-Jeanne-Toussaint Petit
1687-1741

4
N. Polin,
mariée à
Nicolas-François Ladmiral

5
Bernard Polin
marié à
Agathe Vernier

IV

2
François Polin,
capitaine général des douanes
1737-1810

3
Claire-Augustine Polin
mariée à
Mathieu Rougé

1
Claude-Charles Polin,
marié à
Catherine de Giez de Villars
1732-1798

4
Charles-Joseph Polin,
marié à
Françoise-Gabrielle Arnoult
-1806

Henriette Polin,
mariée à
Joseph Voyemain

Polin,
médecin
à Belfort

V

Armand-François de Salle Rougé
1777-1849

Marie-Anne-Agathe Polin
mariée à Jean-Baptiste Guiot,
conseiller au bailliage de Chaumont
1771-1832

Marie-Anne-Joséphine Polin,
mariée à
Jean-Charles-Louis Paris
-1849

Amélie Polin
mariée à
M. Viellard

VI

Marguerite-Pauline Rougé,
mariée à Alexis-Paulin Paris

Élisabeth-Pauline Guiot,
mariée à Pierre-Gaston Paris

Louis-Antoine Paris

DESCENDANCE

DES

GARIBALDI, DORIA & LOMELINI

DE GÊNES

I

Bernardo Lomelino,
sénateur à Gênes,
et N. Doria,
ont engendré :

II

Anna Lomelina,
et Bartholoméo Garibaldo,
ont engendré :

III

Philippe Garibaldo,
lequel a engendré :

IV

Bernardo Garibaldo,
marié à Anna Vandelft.

V

Bartholoméo Garibaldo,
marié à Anna Olimart.

VI

Paolo Garibaldo. Guillaumo Garibaldo, Egio Garibaldo,
marié à Marguerite Buisinelt.

VII

Marguarita Garibalda
a épousé Michel Petit,
28 enfants dont 7 mariés
les autres en religion ou morts sans enfants.

VIII

Druon Petit,
marié en 1701 à demoiselle Antoinette Renel de Boully,
mort le 5 novembre 1709.

IX

Marie-Jeanne-Toussaint Petit,
née le 28 juillet 1706,
mariée le 31 septembre 1728 à Pierre Polin.

X

Charles-Joseph Polin,
marié à Françoise-Gabrielle Arnoult.

XI

Marie-Anne-Joséphine Polin,
mariée à Jean-Charles-Louis Paris.

XII

Louis-Antoine Paris.

à M. le Comte de Toulouse, qu'il doit la place de conservateur des bois et forêts du duché-pairie de Château-Villain, qu'il occupe en ce moment.

Dame Catherine *de Giey,* son épouse, a eu pour aïeuls paternels une filiation de de Giey dont on ne connaît rien avant le XIIIe siècle. Jean de Giey, chevalier, seigneur de Verseille et Orquevaux, était grand bailly de Langres, et capitaine de cent hommes d'armes pour le maréchal de Baudricourt. Son arrière-petit-fils fut écuyer du roy Louis XI. La filiation se soutient jusqu'à Pierre de *Giey*, père de la dite dame Polin. Il était seigneur de Villars, chevalier de Saint-Louis, capitaine au régiment de Cambrésis, ensuite commandant un bataillon; il est mort à Landau en 1760.

Geneviève Finée de *Brianville* son épouse, et mère de la dame *Polin*, a eu pour aïeule Charlotte du *Chatelet* qui avait épousé Daniel de *Ligneville*, baron de Villars, et grand'tante de M. le duc d'*Arocourt* actuel : Gabrielle de *Ligneville* était leur fille, sœur des deux comtes de *Ligneville*, dont l'un grand-veneur du roy de Pologne et l'autre dans des emplois militaires, étaient cousins germains du père de Mme la princesse de *Craon* et de Mme la comtesse de *Messey Biéle.*

Gabrielle de *Ligneville* épousa Oronce Finée de *Brianville*, capitaine de cavalerie au régiment de la reine, neveu d'Oronce Finée de *Brianville*, précepteur du grand Dauphin. Il n'est issu de ce mariage que Dominique Finée de *Brianville*, mort chevalier de Saint-Louis, et Geneviève de *Brianville.* Du mariage de celle-ci avec Pierre de *Giey*, sont nés : 1° Catherine de *Giey*, épouse de Claude-Charles *Polin;* 2° de dame Marie-Anne de *Giey*, épouse de messire *Husson de Sampigny*, chevalier de Saint-Louis, demeurant à Orges, et François-Joseph de *Giey*, seigneur de Villars, chevalier de Saint-Louis, lieutenant-colonel du troisième bataillon du régiment de la Couronne.

LIGNE MATERNELLE

§ II

Mme Françoise-Gabrielle *Arnoult*, épouse de Charles-Joseph *Polin*, provenait d'une famille originaire d'Avenay qui, depuis deux siècles, y exerçait les fonctions de notaire.

Nicolas *Arnoult*, chanoine de l'église collégiale de Saint-Trézain, mort le 27 octobre 1707, fut inhumé dans le sanctuaire où se voit encore sa pierre tombale, qui n'a pas disparu comme le dit M. Tausserat dans sa notice sur Louis Paris.

L'aîné des beaux-frères de M. Charles-Joseph *Polin*, Pierre *Arnoult*, né à Avenay en 1733, avocat au parlement de Paris, fut lieutenant de Louvois pour Mesdames de France. Il épousa une demoiselle de Pouilly de la Tour, seigneur de Courville. Un de ses frères, Claude-Pierre Arnoult, né à Avenay en 1744 et décédé en 1827, fut procureur au bailliage de Reims où il habitait la rue de la Vignette, aujourd'hui rue de Pouilly. Il fut greffier de la cour souveraine, et lieutenant des justices de Brimont, Brimontelle, de Germaine et de Vauremont. C'est de lui que parle Louis Paris dans des notes datées de 1827 :

« Deux ou trois mois avant mon retour à Avenay, était mort mon vieil et respectable oncle Arnoult, chez qui ma mère s'était retirée, ayant donné sa propre maison à ma sœur lors de son mariage. Sa mort, quoique prévue depuis longtemps, avait contristé tous les cœurs, car c'était un homme de bien dont la longue carrière n'avait été employée qu'à l'exercice de toutes les vertus sociales. Jadis procureur à Reims, il avait traversé la Révolution et ses orages, malgré les soupçons d'aristocracisme qui pesaient sur lui et auxquels il avait dû son incarcération : la chute de Robespierre au 9 thermidor lui rendit la liberté. Depuis ce temps, retiré à Avenay lieu de sa naissance, il en avait été le juge de paix et en quelque sorte le patriarche.

FAMILLE ARNOULT

I

Jean ARNOULT
Elisabeth ROUYER
1635

II

Nicolas ARNOULD
† 1707

Pierre ARNOULT
Berthe COUTELET
1665-1729

III

Jean ARNOULT
Marie-Anne M. LOT
1704-1782

IV

Pierre ARNOULT
1733

Claude-Pierre ARNOULT
1744-1827

Marie-Françoise-Gabrielle ARNOULT
Claude-Joseph POLIN
1736-1806

Marie-Michelle ARNOULT

Charles-Simon ARNOULT

V

Marie-Anne-Joséphine POLIN
Jean-Charles-Louis PARIS
1769-1849

VI

Louis-Antoine PARIS
1802-188.

« Cet honnête homme, après avoir fait tout le bien qu'il lui était possible de faire dans la sphère resserrée où la Providence l'avait jeté, était allé retrouver ses ancêtres qui tous nés et morts à Avenay y avaient, de père en fils et de temps immémorial, rempli les fonctions de notaire, maire, juge ou bailli.

« M. Arnoult est mort dans sa 86e année. »

C'est par ces liens de famille que notre regretté collègue était attaché à ce petit bourg d'Avenay, où il a passé sa jeunesse et les quinze dernières années de sa vie et dont il devait devenir le fervent historien (1).

(1) Voir Louis Paris, notice par A. Tausserat, archiviste paléographe attaché au ministère des affaires étrangères.

10274 — Imp. coop. de Reims (N. Monce, dir.), rue Pluche, 24.

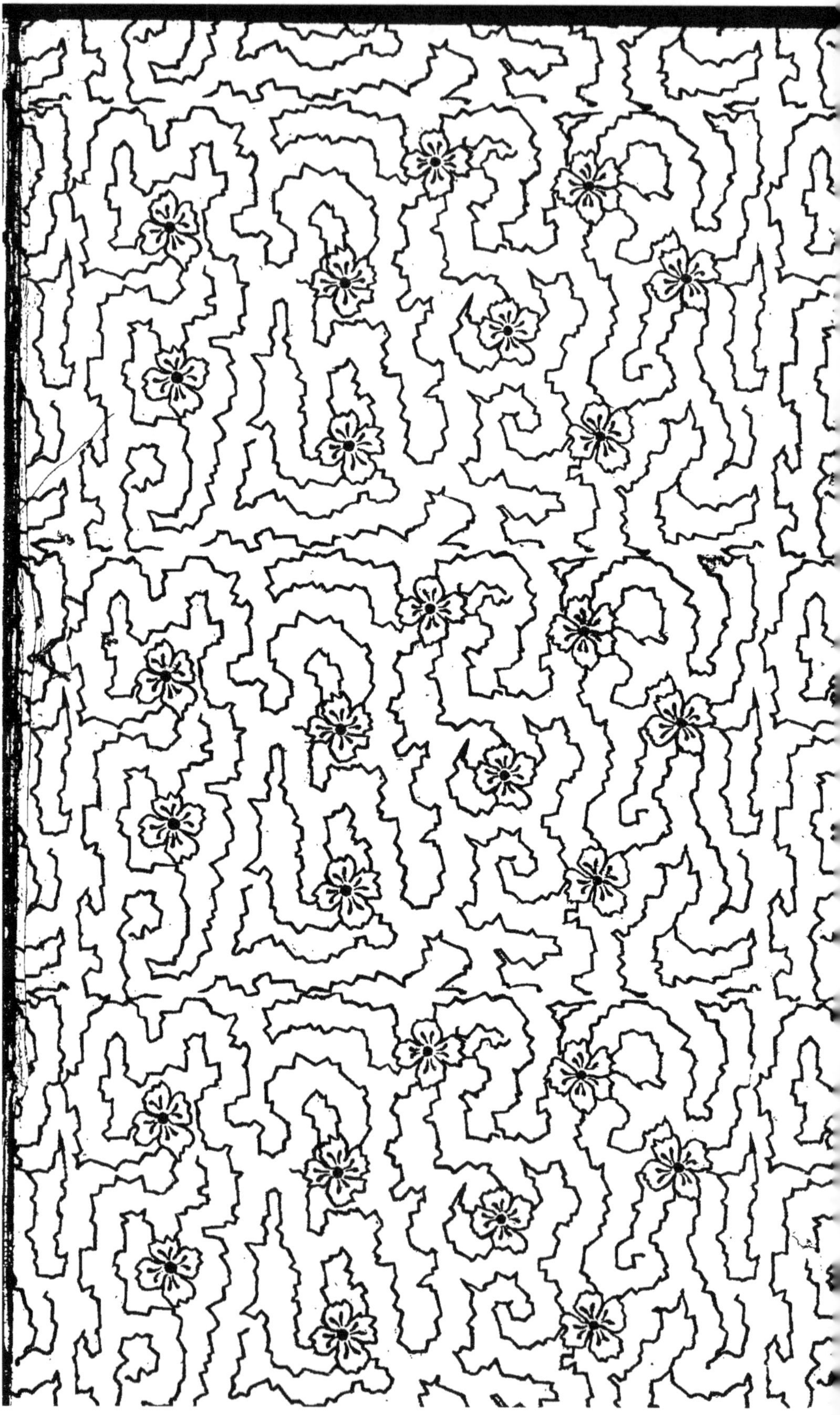

www.ingramcontent.com/pod-product-compliance
Ingram Content Group UK Ltd.
Pitfield, Milton Keynes, MK11 3LW, UK
UKHW031936260826
14628UKWH00004B/1665